実践
ハンセン病の授業
「判決文」を徹底活用

はじめに

本書の書き出しを、平成一三年五月一一日のハンセン病訴訟熊本地裁判決、裁判を提起した原告、原告を支えた弁護士をはじめとする多くの方々、そして同五月二三日に判決を受け入れを決断した日本政府に対し、首（こうべ）を垂れることからはじめたい。ハンセン病訴訟熊本地裁判決が国民の歴史的共有財産たるべきほどの文書であることを、釆女博文に指摘されるまで、本書の執筆者である私たちのほとんどは、気付かずにいたのである。

だれしも、わずかな七〇年あまりを一回限りに生きる。その一人の人間の生において、何をもって不可欠の要素とみなすのか、最低限の衣食住を保証するとともに、より根源的に分かち合い、認め合わなければならないものとは何か、ハンセン病訴訟判決文を前にした時、誰もが、この逃げようのない問いかけに向き合わざるを得なくなる。隔離政策による人権制限の実態を「憲法一三条から導かれる人格権に対するものと理解する」という判決文の言葉に目を開かされたのは、私たちだけだろうか。

判決は、原告が訴えた共通損害「社会内で平穏に生活することを妨げられた被害」との文言をひきとり、「自己の選択するところに従って社会の様々な事物に触れ、人と接し、コミュニケートすることは、人が人として生存する上で決定的重要性を有する」と説く。判決はまた、「ある者は学業の中断を余儀なくされ、ある者は職を失い、あるいは思いえがいていた職業につく機会を奪われ、ある者は、結婚し、家庭を築き、子どもを産み育てる機会を失い、家族との触れ合いの中で人生を送ることを著しく制限される。人として当然に持っているはずの人生のありとあらゆる発展可能性が大きく損なわれ」たのだと、静かに、力強く語りかける。

法が社会に向けて表明した魂の叫びともいうべき言葉から汲み取るべき意味は、重く、深い。

采女博文は、除斥期間についての専門的知見を提出することで裁判にかかわった。采女の指摘を受けた本書の執筆者たちは、自らの不明を梃子（てこ）にして、判決の意義を、できるだけ正確に、そして誠実に、次の世代に伝えていこうとする試みに取りかかった。熊本地裁判決が確定した後、二〇〇〇年六月、梅野正信は一九万語におよぶ判決文全文の教材化に取りかかり、教材資料としてまとめ、八月三〇日、小・中学校の教師たちと学習会を開いた。この教師たちによって九月から、一斉に授業がはじめられたのである。

采女は、「ハンセン病訴訟の勝訴確定を報告する集い」（東京　九月八日）で、鹿児島の教師が判決文を生かした授業に取り組むことを報告した。星塚敬愛園から参加されていた原告の方は、裁判で「家族に迷惑をかけたのは、自分が悪かったわけじゃない、ということを裁判官にいってもらいたかった。自分がここにいるのは、たまたま自分が病気になったからで、もし裁判官がご病気になっておられたら、やはりここに（原告として証言して）おられたとおもいます」と発言された。この気持ちを、私たちも共有したいと思う。

梅野と采女は、九月十七日（月曜日）に星塚敬愛園に出向き、原告の一人、竪山勲氏の案内で、療養所とハンセン病訴訟をめぐる事実を教えていただく機会を得た。また、ハンセン病訴訟判決文の内容を踏まえた授業についてお話しした。新福悦郎、上猶覚、山元研二、藤島伸一郎、福田喜彦がハンセン病訴訟判決文を活用した授業を開始したのはこの頃である。授業の後、藤島は九州中学校社会科教育研究会（一一月一六日）で報告し、九州教育学会（一一月一八日）では新福と上猶が、日本学術会議九州・沖縄地区会議の講演会（一二月一三日）では梅野が、文部科学省が主催する新教育課程研究協議会「総合的な学習の時間分科会」（十二月十五日）では新福が、ハンセン病訴訟判決文の授業を提案した。

そして二〇〇二年五月、本書の年表づくりにかかわった蜂須賀洋一がスタートしたばかりの「総合的な学習の時間」で、六月には私たちと共に学ぶ仲間である星野恵理が高校の授業で、この問題にとり組んでいる。

星塚敬愛園と奄美和光園の所在地である鹿児島県議会は「ハンセン病問題の解決に関する決議」で「議会として、ハンセン病患者であった方々の名誉の回復と福祉の増進の実現に向けて、県民一体となって最大限の努力を傾けていくことを決議する」とし、鹿屋市の山下市長は「皆さんの心を心とし、市民と地域社会一体となって、各種の行事参加などや、学校教育、社会教育などを通して、積極的に交流や参加を重ね、新しい地域社会を構築してまいりたい」と表明した。

ハンセン病訴訟とその判決を日本政府が受け入れた事実は、決して一過性の事件としてすませてよいものではない。戦後の日本社会が到達した成果として、また、ハンセン病問題を事実に基づいて理解するためにも、ハンセン病訴訟判決文の教材化は欠かせない。一校でも多くの学校で、一人でも多くの教師によって、一人でも多くの子どもたちに、この問題を考えてもらいたい。そのために本書が役にたつことがあればと願っている。

なお、本書の作成にあたり、竪山勲氏をはじめとする原告や弁護団の方々、貴重な資料の掲載をお許しいただいた高松宮記念ハンセン病資料館、南日本新聞社、ＫＴＳ等、地元メディアの方々、藤野豊氏や大谷藤郎氏をはじめとする学術的成果、そして、本書の刊行を熱心に支えていただいたエイデル研究所編集部の長谷さん、等々、数え切れないほどの多くの方々から、御助力とご好意をいただいた。最後になったが、これらの方々に、本書の足りないところをお詫びすると共に、心からの感謝の意を表したい。

編集代表　梅野正信
采女博文

目次

I部 理論編

ハンセン病訴訟判決文を学ぶ

一　ハンセン病訴訟とは何か

ハンセン病訴訟は、昭和二八年に制定され、平成八年四月一日に廃止された「らい予防法」の規定に基づいて国立ハンセン病療養所に入所した経験をもつ人々によって提訴された裁判である。

二〇〇一年八月九日までに熊本地裁に一三〇一人（一九次）、東京地裁に六六一人（一一次）、岡山地裁に三六〇人（一〇次）、総計二三二二名の方が提訴した。熊本地裁判決は、このうち、熊本地裁への、第一次提訴（一九九八年七月）から第四次提訴（一九九九年三月）までの一二七人の提訴に対するものである。

国立ハンセン病療養所は、全国に一三か所開設されている。設立の経緯をみると、まず明治四二年に東京の全生病院（後の多磨全生園　以下同じ）、青森の北部保養院（松丘保養園）、大阪の外島保養院、香川の大島療養所（大島青松園）、熊本の九州療養所（菊池恵楓園）の全国五か所に公立療養所として設置された。

昭和五年、岡山に最初の国立療養所である長島愛生園が開設され、続いて群馬の栗生楽泉園（昭和七年）、沖縄の宮古療養所（昭和八年）、昭和一〇年、鹿児島の星塚敬愛園と沖縄の国頭愛楽園（ともに昭和一三年）、宮城の東北新生園（昭和一四年）が開設された。その後、昭和十六年に公立療養所が国立療養所に変わり、昭和二〇年、静岡に駿河療養所が、昭和二八年、鹿児島に奄美和光園が開設されている(1)。

平成八年のらい予防法が廃止された時、全国一三か所の国立療養所には、約五五〇〇人の入所者が生活していた(2)。

熊本地裁に提訴したのは、このうち、熊本の菊池恵楓園と鹿児島の星塚敬愛園の二つの療養所の入所者である。

二　何を求めて提訴したのか

原告は、「らい予防法」の下で厚生大臣が決定し、実行したハンセン病患者への「隔離政策」が違法で、国会議員が「らい予防法を制定した行為」（立法行為）、と「らい予防法を平成八年まで改正せず、廃止をしなかった行為」（立法不作為）が違法だとして、「療養所に隔離されたことによる損害」と「らい予防法とハンセン病政策によって作り出され、助長された差別・偏見にさらされた損害」について、原告それぞれに一億一五〇〇万円を賠償するように国に求めた(3)。

このような、国を訴える根拠となる法律は国家賠償法である。国家賠償法は昭和二二年に制定された法律で、第一条の第一項に「国または公共団体の公権力の行使にあたる公務員が、その職務を行うについて、故意または過失によって違法に他人に損害を加えたときは、国または公共団体が、これを賠償する責に任ずる。」と定めている。

原告はこの法律に基づいて国を訴えたのである。これに対し、厚生省は、「らい予防法」は違法ではなく政策は間違っていなかった、差別や偏見は政府の責任ではない、二〇年以上経っているので訴えは無効だと反論した。

最後の反論は除斥期間の問題である。詳しい解説は本書にある釆女博文の解説を参照していただきたいが、民法第七二四条は「不法行為に因る損害賠償の請求権は被害者またはその法定代理人が損害および加害者を知りたる時より三年間これを行はざるときは時効によりて消滅す。不法行為の時より二〇年を経過したるときまた同じ」とある。この後段を根拠とした反論である。

原告は、自ら被った被害の性格について、①加害はハンセン病患者とみなされた人のすべてに加えられ、「人格」と「人間としての尊厳」を徹底的に破壊された点で被害は共通している（被害の共通性）、②患者は、自宅の消毒、残された家族への検診という形で、周囲の差別・偏見を助長するような状態に追い込まれた。子孫を残すことすら許されず、死に絶えることを待つ療養所で、被害は日に日に重さを増し、元の生活に戻ることは不可能になり、療養所にいる間は、制限や「烙印付け」が日々原告を攻撃し続け、療養所の外でも苦しめ続けた。「らい予防法」は、原告を繰り返し攻撃して、積み重なる被害を生み出してきた（被害の累積性）、③「らい予防法」が存続する限り、社会的な差別・偏見もそのまま存続し、元患者も、少なくとも「らい予防法」廃止までは、同じような被害を受け続けた（被害の現在性）、と規定したうえで、原告の損害は、「スモン薬害」「水俣病」「カネミ油症」での被害と同じように、被害が複雑で多岐にわたり、互いに影響をおよぼして「社会の中で平穏に生活する権利」を奪い、人格全体の破壊をもたらしているとし、被害を包括し一律的な請求（包括一律請求）を行った。

三　判決文の授業に取り組む意味

提訴の二年前、平成八年一月一八日、厚生大臣は全患協（現在の全療協）(4)代表者に、「らい予防法の見直しが遅れたこと、そして、旧来の疾病像を反映したらい予防法が今日まで存在し続けたことが、結果としてハンセン病患者、そしてその家族の方々の尊厳を傷つけ、多くの苦しみを与えてきたこと、さらに過去において優生手術を受けたことにより、在園者の方々が多大なる身体的・精神的苦痛を受けたことは、誠に遺憾とするところであり、厚生省としても、そのことに深く思いをいたし、そして率直にお詫び申し上げたいと思います。」と公式に謝罪し、通常国会への新たな法案提出を表明した。

同年三月三一日、国会は「らい予防法」を廃止し、優生保護法「らい条項」の削除などを定めた「らい予防法の廃止に関する法律」を法律第二八号として成立させた。第一三六通常国会、第一次橋本龍太郎内閣、厚生大臣は菅直人であった。

国会では同時に、次のような内容の「らい予防法の廃止に関する法律に対する附帯決議」がなされた。

「ハンセン病は発病力が弱く、また発病しても適切な治療により治癒する病気となっているのにもかかわらず、『らい予防法』の見直しが遅れ、放置されてきたこと等により、長年にわたりハンセン病患者・家族の方々の尊厳を傷つけ、多くの痛みと苦しみを与えてきたことについて、本案の議決に際し深く遺憾の意を表するところである。政府は本法施行に当たり、深い反省と陳謝の念に立って、次の事項について特段の配慮をもって適切な措置を講ずるべきである」とし、「ハンセン病療養所からの退所を希望する者の社会復帰が円滑に行われ、今後の社会生活に不安がないよう支援策の充実を図る」など、取り組むべき具体的事項をあげた。

この具体的事項には、「一般市民に対して、また学校教育の中でハンセン病に関する正しい知識の普及啓発に努め、ハンセン病に対する差別や偏見の解消について、さらに一層の努力をすること」と明記されている。すでに平成八年の時点で、国会が、学校教育の中で意識的にこの問題を取りあげるよう決議していることに留意したい。しかしながらこの時点では、一部の専門家を除いては、「らい予防法」の問題性や、ハンセン病療養所の人々、ハンセン病とされた人々が受けてきた人権侵害の重みを正確に深く理解するものは、まだ多くはなかった。

本書に名を連ねる執筆者・授業者たちも、采女博文の度重なる指摘がなければ、今もなお、一般的な理解に止まっていたのではないかと自省するものである。五年も前の国会決議に、「退所を希望する者の社会復帰が円滑に行われ、今後の社会生活に不安がないよう、支援策の充実を図」ることや、「学校教育の中でハンセン病に関する正しい知識の普及啓発に努め、ハンセン病に対する差別や偏見の解消について、さらに一層の努力する」との文言があったにもかかわらず、これを等閑視してきた自らの不明を恥じざるを得ない。

いまだ一部の教師、一部の人々ではあるが、それでさえも、学校教育の中でこの問題を取り上げる必要が強く自覚されるようになるのは、平成八年（らい予防法の廃止）ではなく、平成一〇（提訴）でもなく、平成一三年であった。廃止法以前にも、廃止法と付帯決議（平成八年）が成されてからも、さらには裁判が提訴されても、教師の多くはこの問題に取り組まなかった。

私たちが取り組む直接的契機は、平成一三年の判決によっているという事実は、とりつくろうことなく、深い反省とともに、自覚しなければならないだろう。

裁判は、「社会復帰」「生活支援」「学校教育での啓発」が十分になされない中で、さきの国会決議の二年後に提訴されたのである。この事実を、自省の意を込めて、ハンセン病判決文の授業に取り組む、まずもっての理由としておきたい。

四　社会的合意としての判決

原告は、平成一〇年七月三一日に熊本地方裁判所に提訴し、熊本地裁は平成一三年五月一一日に判決を下した。後に続く訴訟も、東京と岡山で、国立ハンセン病療養所の原告によって提訴されたが、最初に提訴し、判決を得たのは熊本地裁判決である。

日本の裁判制度では、判決後二週間以内に控訴すれば、判決は確定しないまま控訴審の判決を待つことになる。

『実践いじめ授業―主要事件「判決文」を徹底活用』（エイデル研究所、平成一三年）でも述べたが、私たちは、授業では確定した判決文を使用することを原則としている。控訴や上告が無くて確定したか、また確定せずとも和解などで裁判が終結したものを活用する、ということである。

私たちは法社会に生きている。立場や意見は違っていても、法にもとづき、適正な手続きを経て確定した結論には、高い水準で社会的合意がなされたものとして尊重することを義務づけられている。そうしなければ、社会を形成するシステムそのものが不安定なものと化すからである。社会は、こうして憲法や法令を実体として確認していく。

ハンセン病訴訟では、政府は、政府声明を出しつつも最終的に控訴せず、小泉純一郎首相が「ハンセン病問題の全面的かつ早期の解決を図るため」と明言し、判決を受容した。本判決文は確定したのである。ハンセン病訴訟は政府と国会、すなわち国を訴えた裁判である。判決が確定したとしたら、それは、国家的レベルで社会が受容すべきものといってよいだろう。

判決は、社会的合意の到達点と水準を含みもつものである。私たちの社会が、今後ますます多元化し、いわば、「乱立する義」の時代を迎える中で、価値観や立場の違いをふまえてもなお学ぶことの必要な社会的合意、公教育における教材としての資質を、高い水準で充たすものといえる。

政府と国会が確認した判決文の内容を、実体としての国民的合意となさしめるには、学校教育における意識的な働きかけが不可欠である。

学校と教師は、このことの社会的役割を重要な部分で担っているのである。

五　判決文の全体構成

熊本地裁の判決書は、本文約一八万一四七〇字（一桁以下切り捨て　以下同）、原本で別紙を除いて五四五頁におよび、判決書本文は、六九〇字の「主文」と一八万七七〇字からなる「事実及び理由」からなる。

一般には六九〇字の部分が判決文と理解されているが、それは判決書全体の四％に過ぎない。九六％を占める「事実及び理由」の方に、「原告の訴えと根拠となる事実」「被告の反論と根拠」「裁判所が認定した事実」「結論を導き出した論理」など、判決に至った根拠が、資料とともに記述されている。

六九〇字の結論は、一八万七七〇字からなる「事実及び理由」によって支えられた山頂の旗印なのである。

「どのような結論なのか」と「なぜそのような結論が導き出されたのか」を、事実と法の論理に照らし合わせて学習することに教育と教師の重い役割があるとしたら、ハンセン病問題について学ぶべき知識は、第一義的には、この判決書全体にあるといっても過言ではないだろう。

六　主文と前提事実

本書の判決文教材は、子どもたちが活用できるように、判決書を四万語程度に書き直し、整理したものである。

判決書には「判決」という表題が掲げられ、表題の前に、事件番号と事件名、口頭弁論終結の日時など（平成一三年五月一一日判決言渡　同日原本交付　口頭弁論の終結日平成一三年一月一二日）が記載される。表題に続いて、最初に、当事者、その訴訟代理人の住所氏名が記載される。次に判決の結論部分を表示する「主文」、事実、理由、最後に裁判所の表示、判決に関与した裁判官の署名押印がなされる(5)。

原告は、「別紙原告目録のとおり（以下、原告については、右目録中の番号によって表記する。例えば、右目録中の番号一の原告については『原告一番』と表記する）と示されている。社会的差別や偏見の存在をふまえたこの措置は、原告が裁判をたたかう上で大きな意味をもった。

被告は、「東京都千代田区霞が関一丁目一番一号　被告　国右代表者法務大臣（氏名）」と書かれてる。

あとは「主文」、「被告は、原告らに対し、別紙認容額一覧表の各原告に対応する認容額欄記載の各金員及び右各金員に対する同一覧表遅延損害金起算日欄記載の各日から支払済みまで年五分の割合による金員を支払え」とある。

原告は、原告それぞれに対して、被告である国が一億千五百万円を支払うよう要求し、結果的に、熊本地裁判決は、原告一人につき、状況に応じて一四〇〇万から八〇〇万の慰謝料を認めた。結論に至った根拠は「事実及び理由」の四つの章に記されている。（以下、字数は概数である）

第一章　原告らの請求	（三七〇字）
第二章　事案の概要等	（六四二〇字）
第三章　当事者の主張	（五万八〇一〇字）
第四章　当裁判所の判断	（一一万五九五〇字）

第一章は、誰が誰に何を要求したのかが記されている。要求の根拠を説明したのが第二章である。

第二章　事案の概要等	（六四二〇字）
第一　事案の概要	
第二　前提事実	
一　ハンセン病の医学的知見	
二　ハンセン病に対する法制の変遷	
三　原告らの療養所入所歴	
第三　本件の主要な争点	

第一は、先の要求がどのような理由のもとに出されたのかを、第二は、ハンセン病の基礎的な医学的知見や、ハンセン病政策など原告・被告の間で争いのない事実についての整理がなされている(6)。

第三の「本件の主要な争点」は、厚生大臣のハンセン病政策遂行上の違法及び故意・過失（争点一）、国会議員の立法行為の国家賠償法上の違法及び故意・過失（争点二）、損害（争点三）、除斥期間（争点四）の四点である。裁判は、この四つの争点をめぐって争われ、判決が下された。しかしこれだけでは、ハンセン病問題の何をも知ることは出来ない。

七　教材化の要点

原告、被告双方の主張を四つの争点を中心に記述されているるのが第三章である。原告側の主張（三万四二七〇字）と被告側の主張（一万八九二〇字）が整理されている。

「判決書」は、六九〇字の「主文」と一八万七七〇字からなる「事実及び理由」に分れている。このうち、第一章と第二章の結論部分に、その根拠を示した第四章の「当裁判所の判断」を合わせた（すなわわ、三章を除いた）一二万二七四〇字分の文章が公的に認められた事実であり、判断である。裁判所が認め、国家と社会が受容した事柄とは、第四章の内容ということになる。

授業で使用する以上、教材は、恣意的で個人的な見解ではなく、公的で客観的な資料を活用する必要がある。したがって、本書にある教材は、第四章を中心に作成している。

八　裁判所の判断

第四章「当裁判所の判断」が、第一章、第二章に示された部分の結論およびその根拠になる。実に、判決文本文の六四％にあたる一一万五九五〇字が費やされている。ここは八つの節で構成されている。

第一節　ハンセン病の医学的知見及びその変遷（三万四五〇〇字）
第二節　我が国のハンセン病政策の変遷等（四万七三一〇字）
第三節（争点一）厚生大臣のハンセン病政策遂行上の違法及び故意・過失の有無（九三六〇字）
第四節（争点二）国会議員の立法行為の国家賠償法上の違法及び故意・過失の有無（八〇三〇字）
第五節（争点三）損害について（二万三七〇〇字）
第六節　戦後、本土復帰前の沖縄について（一〇六〇字）
第七節（争点四）除斥期間について（一五一〇字）
第八節　結論（四五〇字）

第一節と第二節を併せると八万一八一〇字、第四章の七一％になる。熊本地裁が事実と認めた事柄が詳しく示されている部分である。

全体は、まず最初にハンセン病の医学的知見を時代ごとに整理し（第一節）、時々の医学的知見が日本の政策にどう認識され反映されていたか（していなかったかを）確認し（第二節）、厚生大臣と国会議員の過失を判断した上で（第三節、第四節）、損害の範囲と損害額を確定し、（第五節）、本土復帰前の沖縄については別の判断を示し（第六節）、損害賠償請求権の消滅を論じた除斥期間問題（争点四）については第七節で判断を示している。

九　医学的知見の整理

第一節は「ハンセン病の医学的知見及びその変遷」である。ここには、医学専門書の内容が、わかりやすく整理されている。

症状の医学的説明、とくに感染についての医学的知見、治療薬とその効果、ハンセン病の治療についての国際的水準、それが日本の医学やハンセン政策においてどのように反映していたかを整理している。

ハンセン病という感染症がどのような病気であるのかという基礎的で正確な知識の必要性については、梅野と釆女が星塚敬愛園に竪山勲氏を訪ねたときも、氏から「医学・科学の目でみることを強く望みたい」と強く指摘された。医学的で専門的な知見ではあるが、見過ごすことのできない内容である。

ハンセン病は、末梢神経の麻痺と皮膚の結節を特徴的な後遺症として残すことがある病気である。その多くは体の低温部位に発症しやすく、そのため顔や手足といった外観の容貌を変化させるが、少なくとも現在では、治療過程における後遺症であることが多い。医学・科学の目で見れば、すでに病者ではないにもかかわらず、外観によって差別や偏見を受け続けている事実の認識を深めるためにも、最低限の医学的知識は欠かせない。

「容貌の特徴はハンセン病の重さを意味しない」という視点と、「いまなおハンセン病患者は世界と日本に存在する」という視点は、正確に科学的知見に基づいて理解されておかなければならないからである。

医学的知見についての基本的事項は、判決文において比較的簡明に記述されている。本書では、教材資料において、第四章第一節と第二章第二の一「ハンセン病の医学的知見」（争いのない事実）をもとに整理している。

一〇　ハンセン病政策の歴史

第二節は「我が国のハンセン病政策の変遷等」である。第一節が医学的知見の解説であるとすれば、第二節は歴史的事実を公的文書（史料）を駆使して実証しようとしており、さながら歴史書の観を呈している。判決書に記された歴史を学ぶだけで優に数時間の授業を要するものと思われる。

医学的知見とともに、歴史的経過もまた、この判決文から学ぶことができるのである。第二節は、まず、昭和二〇年に制定された「らい予防法」の制定以前について歴史的を戦前と戦後にわけて整理している。

> 第一　戦前の状況について
> 一　「癩予防ニ関スル件」の制定
> 二　療養所の設置
> 三　懲戒検束権の付与
> 四　断種（ワゼクトミー）の実施
> 五　第一期増床計画
> 六　入所対象の拡張等
> 七　旧法の制定
> 八　「癩の根絶策」
> 九　療養所の新設
> 一〇　無らい県運動

第一は戦前である。本裁判が対象とする損害の請求は、国家賠償法制定（昭和二二年）以降の事実を対象としている。しかし、その事実を理解するためには、少なくとも、明治四〇年に制定された「癩予防ニ関スル件」をはじめとする法制定の経緯と、療養所の設立、強制的措置の導入、断種・妊娠中絶などの非人間的措置の実態、政府と県が一体となってすすめた患者の強制的収容「無らい県運動」などの歴史的背景をふまえておく必要がある。

本書の教材資料でも、この部分を判決書から抜粋し整理している。

第二次世界大戦以前の歴史的事実としては、この判決文に示されている内容で十分だと思うが、より広く深く歴史的に論じようとするときには、明治二〇年代、日清戦争後の外国人の国内雑居を契機としてはじまった外国人宣教師らによる献身的なハンセン病患者の看護、病院や療養所の開設などについて触れられていない点や、江戸時代以前の、日本で言えば日本書紀にまで遡るハンセン病患者と思われる人々の歴史については、十分に記されているわけではない。同じように、明治以降についても、日本の植民地としてハンセン病政策の影響を受けた地域についてはは述べられていない。

判決文を越えての、諸種の専門書が必要になろう(7)。

一一　人権侵害の事実

第二の部分では、戦後の日本政府と国会がどのような政策的な過失を行ったのかを、厚生省や療養所長の文書や公式発言を中心に、第三と第四では、らい予防法（昭和二八年）の下でどのような人権侵害がなされたのかを項目別に説明している。

いて
三　戦後の差別・偏見について
四　後遺症と園名について
五　差別・偏見の現れ

第二の一「栗生楽泉園特別病室事件」の特別病室は、昭和一四年に設置された重監獄で、「厳重な施錠がなされ、光も十分に差さず、冬期には気温がマイナス一七度にまで下がる」極めて過酷な環境で、「全国の療養所で不良患者とみなされた入室者の監禁施設」として利用された。監禁された「九二人のうち一四人が監禁中又は出室当日に死亡」し、「監禁と死亡との間に密接な関係があると厚生省が認めた者は計一六人に上る」事件である。療養所が収容所としての実態をもっていたことがわかる。

第二の二「優生保護法の制定」と第三の五「優生政策について」には、療養所の中で、結婚の条件として断種や不妊手術が強要されていた実態が示されている。昭和二四年から平成八年までに行われたハンセン病を理由とする優生手術は一四〇〇件以上、人工妊娠中絶の数は三〇〇〇件以上に上る。

第二の六「三園長発言」は、昭和二六年一一月八日、参議院厚生委員会の「らい小委員会」で、国立ハンセン病療養所の園長が証言した内容である。一人の園長は、患者の収容強化について、「手錠でもはめてから捕まえて、強制的に入ればいいのですけれども（中略）ちょっと知識階級になりますと、何とかかんとか言うて逃がれるのです。そういうようなものはもうどうしても収容しなければならんというふうの強制の、もう少し強い法律にして頂かんと駄目だと思います。」「逃走罪という一つの体刑を科するかですね、そういうようなことができればほかの患者の警戒にもなるのであるし（中略）逃走罪というような罰則が一つ欲しいのであります。」と述べている。この三園長発言は、結果として、新法の内容に反映され、ハンセン病行政にも大きな影響を与えた。判決文は、「表現の端々にも患者の人権への配慮のなさが如実に現れており、当時の療養所運営の在り方をもうかがわせるものである」としている。

他方、第二の八「衆議院議員長谷川保の質問に対する内閣総理大臣の答弁書」をみれば、「らい予防法」が成立する以前、昭和二七年の時点で、国会議員から、旧癩予防法が「その精神において人権を無視したきわめて非民主的なもの」と指摘されていことがわかる。

第三、第四にある「外出制限について」「優生政策について」「患者作業について」「療養所における生活状況の変遷」「無らい県運動以降の戦前の差別・偏見について」「戦後の差別・偏見について」「後遺症と園名について」などは、それぞれの箇所で国立ハンセン病療養所に入所した原告たちが受けた人権侵害の事実や社会的な差別や偏見の実例が具体的に記されている。

教材資料は、これらの事実を整理し、療養所の内外で、どのような具体的な差別や偏見・人権侵害にあっていたのかを中心に整理している。

一二　厚生省と国会議員の責任

判決は、第四章第三節と第四節で厚生大臣と国会議員の「違法行為」「故意・過失」を論じ、国の過失を全面的に認めているが、個々の事実についての政策上の人権侵害に対する厚生省の責任については、各項目毎に抜粋して教材化している。

裁判は、責任の所在を明示し、被害を推し量り確定することが最終的な目的である。公教育の下で行われる授業の目的は、ハンセン病療養所の入所者が被ってきた人権侵害を事実として次の世代に知らしめ、ハンセン病に対する正しい知識のもとにこれを確認し、原告の思いを受け入れ、裁判所の判断を理解し、これを受容した日本政府の姿勢を理解させることにもまた、重きをもつものである。また、法社会が健全に自浄していく過程を示す事例としても、学ぶべき点は大きいと考える。

一三　損害額

第五節は、国の責任で、原告に支払うべき金額が示されている。

第五節　損害について（争点三）
　第一　原告らの主張
　第二　原告らの被害の実態の概観
　　一　退所経験のない原告について
　　二　退所経験のある原告について
　第三　包括一律請求の可否及び共通損害の内容等
　第四　損害額の算定
第六節　戦後、本土復帰前の沖縄について
第七節　除斥期間について（争点四）
第八節　結論

第二では、療養所からの退所経験のない原告について九人と退所経験のある原告について六人の証言が掲載されている。この箇所は、教材資料の最初に、原告の方が受けた被害の実態として掲載している(8)。

第三は、判決が、原告の被害をどのように認定したかが記述されている。この部分は、さきの、裁判所の判断とともに、ワークシートの形で教材化した。授業では最終段階での活用を考えている。

慰謝料額は、明らかに強制隔離が違法状態になった昭和三五年以降の被害を賠償の対象とし、強制隔離が徹底しなくなった昭和五〇年以降を減額した上で、入所した時期と期間に応じて一四〇〇万円から、一二〇〇万円、一〇〇〇万円、八〇〇万円と認定した。これが、結論である。

第六節にある本土復帰前における沖縄の三名の原告に対する算定は、本土復帰前の被害を賠償の対象とせず、本土復帰後の被害のみを賠償の対象として、慰謝料を八〇〇万円とした。いずれも、一億一五〇〇万円とした原告の要求に対して低すぎる回答といえなくもない。このことについて判決は、「なお、慰謝料額の算定について補足する」として、次のように説明している。

「本件で慰謝料額が最高でも一四〇〇万円にとどまっているのは、原告らが選択した包括一律請求によるところが大きいが、それだけではなく、新法廃止前の処遇改善努力や新法廃止後の処遇の維持・継続を十分に評価した結果である。したがって、本判決が、廃止法二条、三条による処遇の在り方を左右するような法的根拠となるものでないことは明らかである。」

ハンセン病が完治し、元患者であるにもかかわらず、社会復帰を果たせないまま、高齢化し身体に障害をもつ原告の現況をふまえての配慮と理解したい(9)。

一四　授業の展開

授業では、三つの要素をふまえてもらえばよい。それは、（1）証言を読み、患者の体験や提訴の気持ちを理解すること、（2）医学的知見、歴史的事実、療養所内での生活における問題、差別や偏見を知ること、（3）判決が示した判断の大切な論理を学ぶこと、である。（1）は導入として一斉に、（2）は班を中心にした調べ学習と発表学習として、（3）はワークシートを活用した問答形式の授業が考えられる。

（1）証言を読み、患者の体験や提訴の気持ちを理解する

導入では、まず、VTRや新聞記事などで判決や控訴断念の場面などを見せ、注意を喚起し、「ハンセン病やハンセン病裁判について知っていることや思っていること」をたずねた上で、教材から証言部分を配付し、原告の体験に耳を傾けさせる。

証言は裁判の中で行われた尋問の記録を裁判官が整理した部分（第四章第五節第一、第二）である。小学生の場合、四、五人の証言を読む（聴く）ことで精一杯である。中学・高校生でも、全ての証言を読むだけの集中力を期待することは難しい。また、証言を読む時に、教師の解説が必要な箇所が少

なくない。教材資料にある「ハンセン病の基礎知識」などを参考にして、説明を加えながら教師が読み進めていくことも考えられる。

ここでは、教材資料にあげた「原告五番（Aさん　女性）」を取り上げておく。

裁判の判決文では療養所や出身県等を特定する記述となっているが、教材資料では抽象化・簡略化するか削除している。

> 昭和一五年、一三歳の時、皮ふの一か所に僅かな異変を見つけた教師から「診察を受けるように」と言われ、父と一緒に療養所を訪れた。

発病が一三歳の時であったこと、学校で先生から指摘されたこと、などの事実を確認する。

「皮膚の一か所にわずかな異変」では、資料2「ハンセン病の基礎知識」から簡単に説明する。一般的な分類として、皮膚に結節が出来る型と、末梢神経が冒される型があることに触れる程度でよい。調べ学習でハンセン病について発表する班が詳しく説明することになる。

> 港からタクシーで行こうとしたところ「療養所に行く患者を乗せられない」と断られ、はじめて、ハンセン病への社会的な差別の厳しさを思い知らされた。診察を受けるだけのつもりだったのに、療養所でハンセン病と診断されて、そのまま入所することになった。

ハンセン病への社会的な差別の一例が示されている。

「なぜ運転手は断ったと思いますか」「その時のAさんの気持ちは？」「何歳の時に入所したの」「いきなり入所させられた時、どう思っただろう」等々の問いを投げかける。疑問点は残して、ハンセン病の「社会的差別・偏見」を担当する班に詳しく調べさせる。

> 症状は軽くて、大風子油の治療でほとんど症状がなくなり、わずかの期間、プロミンで治療を受けた後は、ハンセン病の治療を受けていない。

大風子油は特効薬であるプロミンによる治療がはじまる以前に使用されていた薬である。WHOが示した多剤併用療法にいたる治療法の変遷については「ハンセン病」の発表班が担当する。

> 軽い症状の男性入所者と結婚したが、その時に夫が優生手術を受けたので子をもうけなかった。結婚した頃、Aさん夫婦は、他の三組の夫婦と一二畳ほどの大部屋で共同で生活し、昭和二五年になって、四畳半のささやかな個室が与

> えられた。

療養所内で行われた人権侵害の事例である。その最たるものとされる優生手術が記されている。このことを含めて、「療養所内での人権侵害」を調べる班が担当する。

> 夫は、昭和三八年ころから、社会復帰のために一〇年近く就職活動を続けたが、療養所が住所になっていることが原因となって就職先を見つけることができなかった。Aさんは社会復帰をすることができず、現在まで療養所で暮らし続けている。

社会的差別・偏見は入所者が完治した後も、その社会復帰を妨げてきた。このことも、「社会的差別・偏見」を調べる班が担当する。

最後に「証言を読んで、どんな感想をもちましたか?」「もっと知りたいと思ったことを書いてください。」などの感想を求める。

(2) 医学的知見、歴史的事実、療養所内での生活における問題、差別や偏見を知ること

二つ目の柱は、事実を正確に学ぶことである。原告の主張を読み、原告の気持ちを理解し共感する中から「調べ学習」を始める。

調べる必要のある事実とは、「ハンセン病の医学的知見」「ハンセン病政策を中心とした歴史的経緯」「社会的差別や偏見」「療養所内での人権侵害」「国の責任」などである。判決文教材には、調べ学習に十分な程度の事実が記されている。いずれも、さきの証言を読み進める中で触れて、児童・生徒の課題意識を高めておくことが望ましい。

教材資料を基本に、他の参考文献や、本書にも紹介するハンセン病資料館のホームページなどで資料収集をするなど、いろんな工夫が可能である。

(3) 判決が示した判断の大切な論理を学ぶ

三つ目の柱は、教材資料の最後においたワークシートを使い、判決が示した憲法を解釈する論理や人権の意味を深く理解することにある。ワークシートを活用した問答形式の授業が考えられるが、ワークシートの空欄は、「調べて分かること」と「考えて話し合うこと」の二種類がある。

前者は憲法の条文などをみて調べさせ、後者は、「ここにはどんな言葉が入ると思いますか」と投げかける程度で答えがでてくるように、後者は、自分の言葉を探させながら理解することを求めて設定している。

後者の空欄を中心に取り出してみよう。A、B、C、D、Eの部分である。

自己の選択するところに従って社会の様々な事物に触れ、人と接し、（Ａコミュニケート）することは、人が人として生存する上で決定的重要性を有することで、「（居住・移転）の自由」は、これに不可欠である。

国立ハンセン病療養所が、国費で全ての生活と医療を保障する場であったとしても、それだけでは人としての根本的な権利を充たすものとはならないことを知らしめる言葉である。「人と接し、コミュニケートする」ことの大切さなど、これまでの憲法学習では語られてこなかった言葉であることに注目したい。

ある者は（学業）の中断を余儀なくされ、ある者は（職）を失い、あるいは思いえがいていた（職業）につく機会を奪われ、ある者は、（結婚）し、（家庭）を築き、（Ｂ子どもを産み育てる）機会を失い、（Ｃ家族との触れ合い）の中で人生を送ることを著しく制限される。人として当然に持っているはずの「（Ｄ人生のありとあらゆる発展可能性）」が大きく損なわれ、その（人権）の制限は、人としての社会生活のすべてにわたる。

「Ｄ人生のありとあらゆる発展可能性」が、学業、職業、結婚、家庭、子どもを生み育てる権利、として説明されている。子どもたちと時間をとって話し合って欲しい。

人権制限の実態は、単に「居住・移転の自由」の制限というだけでは正しく評価できず、より広く憲法一三条から導かれる（人格）権に対するものと理解するのが妥当である。

「隔離による被害」は入所者だけに認められるが、退所を妨げる原因は法的制約だけでなく、社会内の（差別・偏見）の存在も大きい。特に、退所の制限が緩やかになった昭和五〇年代以降では後者の要因が中心なのだから、二つの「共通損害」を包括して「（Ｅ社会内で平穏に生活すること）を妨げられた被害」とする。

憲法一三条は「個人の尊重・幸福追求権・公共の福祉」である。「すべて国民は、個人として尊重される。生命、自由及び幸福追求に対する国民の権利については、公共の福祉に反しない限り、立法その他の国政の上で、最大の尊重を必要とする」とある。

また、後段にある、入所者も退所者もともに共通して「社会内で平穏に生活する」ことを妨げられたという文言は、原告の主張をほぼ認めたものである。

現在、学校教育における憲法学習の多くが条文解説・暗記学習の実態をなしているが、判決文におけるこれらの記述には、憲法の言葉が、具体的事実に即して生き生きと活用されている。

だれしも、わずか七〇年あまりを一回限りに生きる。では、一人の人間の生において、何をもって不可欠の要素とみなすのか。衣食住の保証以上に、より根元的に認め合わなければならないものとは何なのか。ハンセン病訴訟判決文を前にして、私たちは、この根源的な問いかけに向き合わざるを得ない。

「隔離政策」による人権制限の実態を「憲法一三条から導かれる人格権に対するものと理解する」という判決文の言葉に目を開かされたのは私だけだろうか。

判決は、原告が訴えた共通損害「社会内で平穏に生活することを妨げられた被害」という文言をひきとって、「自己の選択するところに従って社会の様々な事物に触れ、人と接し、コミュニケートすることは、人が人として生存する上で決定的重要性を有する」と断じ、原告たちの「ある者は学業の中断を余儀なくされ、ある者は職を失い、あるいは思いえがいていた職業につく機会を奪われ、ある者は、結婚し、家庭を築き、子どもを産み育てる機会を失い、家族との触れ合いの中で人生を送ることを著しく制限される。人として当然に持っているはずの人生のありとあらゆる発展可能性が大きく損なわれ」と表現した。

法が社会に向けて発信した魂の叫びともいうべきこれらの言葉から汲み取るべき意味は、重く深い。

一五　おわりに

ハンセン病訴訟判決文は、公的資料として、学校教育に適した公平性と客観性をもち、恣意性を排した教材になり得ることは、すでに述べたとおりである。ハンセン病訴訟判決文は、私たちが生活する社会の共有財産となすべきものなのである。

原告をはじめとする国立ハンセン病療養所の人々、過去のハンセン病患者の人々、世界のハンセン病患者の人々、そして、裁判を支えた弁護士や地域の人々、これに誠意をもって法を適用させた裁判官、判決受け入れ、謝罪した国と地方行政、さまざまな人々の思いを、判決文を通して、正確に、事実に基づいて、子ども達に伝えていくことが求められている。

ハンセン病訴訟判決文の授業に取り組む教師の思いは、子ども達にあって、いつしかハンセン病問題から、自らの周りの、そして世界で、人権を侵害されて苦しむ人々へと思いを馳せることになろうと思われる。（梅野正信）

(1)　外島保養院は昭和九年九月の室戸台風以降復興されなかった。

(2)　原告は、政府と国会議員が共同して不法の行為をした関係（共同不法行為の関係）に位置付けている。

(3)　平成一三年現在、国立のハンセン病療養所には四四三八名、私立の神山複生病院と徒労院診療所には二九名、あわせて四四六七名の方が生活されている。

(4)　昭和二六年、国立療養所の入所者らによって全国国立らい療養所患者協議会（後に「全国ハンセン病患者協議会」に改称）が結成された。

(5)　事件番号と事件名は「平成一〇年第七六四号、同第一〇〇〇号、同第一二八二号、平成一一年　第三八三号　「らい予防法」違憲国家賠償請求事件」で裁判官は、熊本地方裁判所民事第三部　裁判官　渡部市郎　裁判長裁判官杉山正士、裁判官伊藤正晴の各氏である。

(6)　本稿冒頭に説明したので省略する。

(7)　藤野豊『「いのち」の近代史―「民族浄化」の名のもとに迫害されたハンセン病患者―』アイヌ民族、台湾、朝鮮、満州、中国占領地、東南アジア・太平洋占領地、などについての説明がなされている。（かもがわ出版、二〇〇一年）藤野豊編『歴史のなかの「癩者」』（ゆみる出版、一九九六年）は古代からの日本史の中での歴史が各執筆者によって明らかにされいてる。

滝尾英二『朝鮮ハンセン病史―日本植民地下の小鹿島―』（未来社、二〇〇一年）

(8)　教材資料では、判決文に記載された文章ではあっても、不必要に個人が特定できるような箇所は修正を加えている。地域、療養所名、職種などは抽象化、簡略化するか削除している。

①無らい県運動と『小島の春』

小川正子は明治三五年に生まれ、昭和四年に東京女子医専を卒業して、昭和九年から一六年まで最初の国立ハンセン病療養所長島愛生園に医官としてつとめた。

小川はハンセン病が感染症であることを村人に説きまわり、患者を診断して療養所に収容する。

手記『小島の春』は高知に向かう旅からはじまる。河原で暮らす結節癩の人の中に、「巡礼中に高かった結節もひいて神詣での効がある」（一六頁）と話す女性と出会う。夫や子どもとも別れて巡礼に出たというのである。四国巡礼の旅がハンセン病患者の旅であったことは、今日ではよく知られる事実である。

『小島の春』（長崎出版　昭和十三年）は昭和一五年に豊田四郎監督のもとで映画化された。正子役は清純派女優として人気のあった夏川静江が演じ、療養所の患者と離れて暮らす少女として中村メイ子が出演している。

映画では、小学校でハンセン病を病む男性の子が他の児童から仲間はずれにされている。診断の最中、警官は「病気の家の子どもです」と小川に耳打ちする。父親は強要に近い入所勧奨を行け、家族と離れて療養所へと向かう。その妻を杉村春子が演じている。

原作には、昭和一二年の手記に、女学生で発病して以来家の奥の部屋で生活する旧家の娘の話がある。映画では、健康であった頃の溌剌（はつらつ）とした女学生生活の回想、長島愛生園の近代的で清潔な建物、娯楽にはずむ入所者たちの笑顔などを交互に映し出して薄暗い部屋と対比させ、もの悲しさを際だたせている。

「病気じゃといわれたが最後、一家一族の取りかえしのつかぬ傷になります」という父親は、「随分酷うなっておりますそうですが」「もう何年も顔さえ見たことがありません様な訳ですので」（一六四頁）と弁明する。

その妹は、療養所に入る決意して小川が迎えにいくが、タクシー運転手から「今頃は警察がね、とても喧しいので病人を承知で乗せる車なんてありませんよ」と断られてしまう。

映画は、療養所の増床とともに、無らい県運動が積極的に取り組まれた時期の様子を、今日に伝える一つの資料ともなっている。

本書が刊行された昭和一三年、小川はすでに健康を害していた。昭和一八年、肺結核で亡くなっている。

（梅野正信）

②竜田寮児童通学拒否事件と『あつい壁』

『あつい壁』（昭和四五年、中山節夫監督）は、竜田寮児童通学拒否事件（昭和二九年）に題材をとった映画である。太田（多々良純）はハンセン病なので療養所へ行くようにと職場で指示されて菊池恵楓園を訪れる。

医者は「なおります。入所者の八〇％は無菌者です。昨年も全国で一〇五人が退所しました」「感染力は非常に弱く、初期の斑紋らいがうつることは全く考えられません」と説明するが、それでも「らい予防法という法律で入ることになっている」という。

二人の子ども、小学生の信次と中学三年の信夫は、入所者が扶養する未感染児童のための施設「竜田寮」（熊本市　映画では吉田寮　先生を笠智衆が好演）に入ることになった。

寮の児童は昭和二九年四月から黒髪小学校への通学を認められたが、PTA会長ら保護者は、校門に立ちふさがって寮から通う新一年生四人（映画では三人）の通学に反対している。

信次の担任だった若い教師初江は、教師仲間の石川から「ほとんどの教師が逃げ腰で担任を引き受けるもんもおらんとです」「目をそらしたら教育から逃げることになるとじゃなかでしょうか」と言われ、療養所に出向く。

初江は医師に「絶対に感染しないのか」と問うが、逆に「じゃあ私が絶対安全だと保証しなかったら、問題から手を引きたいとお考えなんですか」と問い返される。

「もしも万一ということが本当に起きたら」と訊くと、医師は「万いちってことにとらわれたら、この世の中でできることは何一つないんじゃないですか。私は医者ですから、私の先輩や同僚たちが懸命になって研究し調査してきたデータの方を信用します。なんといわれようと医学上の事実だけは曲げられません」という。

「吉田寮の子と同じプールに入ったり手ばつないだりするとですよ」という親たち。昭和三〇年四月、熊本商科大学長が里親となることで問題は形式的に決着した。しかし、子どもたちはなお水筒を持参して「らいの子はきたなかもんね」と言いかわしている。

親に詰問された石川は「絶対に伝染したりせんて恵楓園の先生もいっとるでしょうが。学校は本当のことを教えるところです。科学ば教えるところです」と声をあげる。

昭和二八年の物語である。五〇年を経て、石川の言葉は、今日なお私たち教育者に向けられた言葉であるように思われる。

（梅野正信）

判決文を読み解く——法的判断力を養う——

一　らい予防法を読む

人間を根絶するという思想に法律家が手を貸した「記録」がらい予防法（一九五三〔昭和二八〕年八月一五日法律第二一四号）である。第一次原告一三人の提訴により、法律家には自らの責任を語る最後の機会が与えられた。ハンセン病の発症力は微弱であり、不治の病でもなかった。事実を知ろうとすれば、知り得たのである。百歩譲って、強力な伝染病だと誤解したとしても、法律家はこの法律を作り、存続させてはならなかった。

この法律を読むことを通して悪法がどのような姿形をして私たちの前に現れるかを心に刻みたい。子どもたちの法的な判断力を育むためには、まず私たちの世代の過ちを伝えなければならない。

(1) らい予防法の目的

らい予防法は法律の目的をつぎのように定める。

第一条　この法律は、らいを予防するとともに、らい患者の医療を行い、あわせてその福祉を図り、もって公共の福祉の増進を図ることを目的とする。

国および地方公共団体につぎのような義務を課している。

第二条　国及び地方公共団体は、つねに、らいの予防及びらい患者（以下「患者」という。）の医療につとめ、患者の福祉を図るとともに、らいに関する正しい知識の普及を図らなければならない。

そして、第三条では「何人も、患者又は患者と親族関係にある者に対して、そのゆえをもって不当な差別的取扱をしてはならない。」と定め、患者と家族に対する差別的な取り扱いを禁止している。

途中の条文をとばして、第一一条をみよう。「国は、らい療養所を設置し、患者に対して、必要な療養を行う」。第一二条は福利の増進についての努力義務を定める。「国は、国立療養所に入所している患者（以下「入所者」という。）の教養を高め、その福利を増進するようにつとめるものとする」。さらに第一四条は、「入所患者がその教育を受けるために必要な処置を講じなければならない」と定める。

さらに第二一条は親族の援護をも定めている。

第二一条第一項　都道府県知事は、入所患者をして安んじて療養に専念させるため、その親族のうち、当該患者が入所しなかったならば、主としてその者と収入をともにしていると認められる者で、当該都道府県の区域内に居住地を有するものが、生計困難のため、援護を要する状態にあると認めるときは、これらの者に対し、この法律の定めるところにより、援護を行うことができる。

ここまで読んだだけで、らい予防法を悪法という人は少ないだろう。第一条で、すでに「治療よりも予防」が優先されている、と感じる人もいるかもしれない。比較のために、感染症の予防及び感染症の患者に対する医療に関する法律（一九九八〔平成一〇〕年一〇月二日法律第一一四号。以下、感染症予防法という。）(1)を見てみよう。この法律は、「過去にハンセン病、後天性免疫不全症候群等の感染症の患者等に対するいわれのない差別や偏見が存在したという事実を重く受け止め、これを教訓として今後に生かす」と前文でうたうが、この法律も、第一条で「この法律は、感染症の予防及び感染症の患者に対する医療に関し必要な措置を定めることにより、感染症の発生を予防し、及びそのまん延の防止を図り、もって公衆衛生の向上及び増進を図ることを目的とする。」と表現している。らい予防法の第一条だけで悪法とは断言できないだろう。

なおこの感染症予防法は、伝染病予防法（一八九七年〔明治三〇年〕法律第三六号）、性病予防法（一九四八〔昭和二三年〕法律第一六七号）、後天性免疫不全症候群の予防に関する法律（一九八九〔平成元年〕法律第二号）を一つにまとめたものである。

感染症を第一類から第四類に分けている。第一類〔＝エボラ出血熱、クリミア・コンゴ出血熱、ペスト、マールブルグ病及びラッサ熱〕は入院を強制される。病原体を保有していると退院できない。第二類〔急性灰白髄炎、コレラなど〕も同様であるが、当該感染症の症状が消失すれば退院できる。第三類〔腸管出血性大腸菌感染症〕は、特定業務への就業が制限されるだけである。第四類〔インフルエンザ、ウイルス性肝炎、後天性免疫不全症候群、性器クラミジア感染症、梅毒、麻しん、マラリアなど〕は、発生動向の把握などにとどまる。

このほか、現行法である結核予防法（一九五一〔昭和二六年〕法律第九六号）があり、一定の要件の下での従業禁止（二八条）、入所命令（二九条）、家屋の消毒（三〇条）、物件の消毒廃棄（三一条）の規定を置いている。らい予防法とぜひ比較してみてほしい。

(2) 本当に強制的に入所させられたのか

第六条を読んでみよう。まず、第一項は、「都道府県知事は、らいを伝染させるおそれがある患者について、らい予防上必要があると認めるときは、当該患者又はその保護者に対し、国が設置するらい療養所（以下「国立療養所」という。）に入所し、又は入所させるように勧奨することができる。」と定めている。

この文章からは、ハンセン病の患者をすべて入所させる、とは読めない。「らいを伝染させるおそれがある患者」と限定している。ハンセン病を伝染させるおそれがある患者のみに対して入所を勧奨するようになっている（なお、厚生省の基準によれば「伝染させるおそれがない」未治療の患者はほとんど存在しなかったし、治療によって一度や二度の菌検査で陰性となっても直ちに伝染させるおそれがない患者になると厚生省は考えていなかった、と判決は事実認定している）。

しかも、第一項は、あくまで勧奨である。第四項をみてみよう。「第一項の勧奨は、前条に規定する医師が当該患者を診察した結果、その者がらいを伝染させるおそれがあると診断した場合でなければ、行うことができない。」。ここでは、医者の診察による診断が必要とされている。第二項と第三項をみてみよう。

第二項　都道府県知事は、前項の勧奨を受けた者がその勧奨に応じないときは、患者又はその保護者に対し、期限を定めて、国立療養所に入所し、又は入所させることを命ずることができる。

第三項　都道府県知事は、前項の命令を受けた者がその命令に従わないとき、又は公衆衛生上らい療養所に入所させることが必要であると認めた患者について、前二項の手続きをとるいとまがないときは、その患者を国立療養所に入所させることができる。

ここでは、はっきりと強制入所が出てくる。公衆衛生上の目的がはっきりとうたわれている

（3）療養所はどんな場所だったのか

法律の条文からみよう。

（イ）外出は制限されていた。

第一五条第一項はつぎのように規定する。

第一項　入所患者は、左の各号に掲げる場合を除いては、国立療養所から外出してはならない。

一　親族の危篤、死亡、り災その他特別の事情がある場合であって、所長が、らい予防上重大な支障を来たすおそれがないと認めて許可したとき。

二　法令により国立療養所外に出頭を要する場合であって、所長が、らい予防上重大な支障を来たすおそれがないと認めたとき。（第二項以下略）

（ロ）所長には懲戒権が与えられていた。

いわば、警察官と検事と裁判官の役割を兼ねていたことが読みとれる。

第一六条

第一項　入所患者は、療養に専念し、所内の紀律に従わなければならない。

第二項　所長は、入所患者が紀律に違反した場合において、所内の秩序を維持するために必要があると認めるときは、

当該患者に対して、左の各号に掲げる処分を行うことができる。

一　戒告を与えること。

二　三十日をこえない期間を定めて、謹慎させること。

そして、第三項に「前項第二号の処分を受けた者は、その処分の期間中、所長が指定した室で静居しなければならない」とある。第四項、第五項（略）

外出の制限、懲戒権と見てくると、条文からだけでも療養所は普通の病院・保養所ではなかったことがわかる。

（ハ）退所の規定はなかった。

ここでちょっと注意しておきたいのは、らい予防法には療養所からの退所の規定がないことである。ちなみに感染症予防法にはつぎのような退院の規定がある。

第二二条

第一項　都道府県知事は、第一九条又は第二〇条の規定により入院している患者について、当該入院に係る一類感染症の病原体を保有していないことが確認されたときは、当該入院している患者を退院させなければならない。

第三項　第一九条若しくは第二〇条の規定により入院している患者又はその保護者は、都道府県知事に対し、当該患者の退院を求めることができる。

第四項　都道府県知事は、前項の規定による退院の求めがあったときは、当該患者について、当該入院に係る一類感染症の病原体を保有しているかどうかの確認をしなければならない。

では、らい予防法を作る際に、退所の規定を置くのをたまたま忘れたのだろうか。当時、療養所の入所者たちは、退所規定のある患者保護法の制定を求める運動をしていた。国会の参議院厚生委員会でも退所規定を設けるなどの修正案が出されているが、各会派の合意には至らなかった。改進党、自由党、緑風会が法案への賛成意見を述べ、社会党の議員が反対意見を述べ、採決により多数決で法案が可決した（会派の名称は、現在の会派の名称とは無関係である）。

参議院は、九項目の附帯決議をし、「近き将来の改正を期する」としていた。らい予防法は制定当時から法律を見直すことが予定されていた。しかしらい予防法の廃止に関する法律（一九九六〔平成八〕年三月三一日法律第二八号）が成立するまで抜本的な見直しはなされなかった。では、これらの条項は実際にはどう運用されたのか。教材資料―（原告の人々が体験したこと）をみてほしい。

（4）優生保護法のらい条項

新法に先立って成立した優生保護法（一九四八年法律第一五六号）にはらい条項が含まれていた。

優生保護法は、優生手術について、第三条第一項（医師は、左の各号の一に該当する者に対して、本人の同意並びに配偶者（略）があるときはその同意を得て、優生手術を行うことができる。）の第三号に「本人又は配偶者が、癩疾患に罹り、且つ子孫にこれが伝染する虞れのあるもの」との規定を置いた。人工妊娠中絶については、第一四条第一項（都道府県の区域を単位として設立された社団法人たる医師会の指定する医師は、左の各号の一に該当する者に対して、本人及び配偶者の同意を得て、人工妊娠中絶を行うことができる。）の第三号で「本人又は配偶者が癩疾患に罹つているもの」との規定を置いた。このとき初めて断種・中絶が合法化された。一九四〇年の国民優生法（法律第一〇七号）は、ハンセン病を理由とする断種・中絶を認めていなかった。

法律は、医者が優生手術と人工妊娠中絶をすることが許されるのは、本人と配偶者の同意を得ている場合だけであると定めている。しかしこの法律は従前から違法に行われていた断種・中絶を合法化することを目的としていた。したがって、「同意」は事実上、強制された。

判決は事実をこう認定した。優生保護法のらい条項の下で、昭和三〇年代まで優生手術を受けることを夫婦舎への入居の条件としていた療養所があり、「入所者は、結婚して通常の夫婦生活を営むために優生手術を受けることを甘受するか、あるいは、結婚して通常の夫婦生活を営むことを断念するか、そのどちらかを選択せざるを得ない状況に置かれていた」。

法律の個々の条文、規則を作るときには、実際にそれがどう機能するかを考えなければならない。個々の条文がどう機能するかは、関連する法律、ここでは癩予防法（後に、らい予防法）とをあわせ読むことによって理解することができる。療養所のなかでの「同意」は、最初から意味を持たなかったのである。

優生保護法のらい条項は、らい予防法の廃止に関する法律（一九九六（平成八）年三月三一日法律第二八号）の附則第六条により削除され、同年優生保護法は法律第一〇五号により「母体保護法」と題名も変更された。

二　なぜらい予防法は憲法に違反していると判断できるのか

裁判所の法的判断のプロセスを追いかけてみよう。裁判所は、まず第一に、らい予防法(以下、新法ともいう)を解釈する。裁判所は新法の各条文、第六条、第一五条、第二八条などをこう読んだ。命令及び即時強制が規定されている以上、勧奨でも患者の側からみたら入所を拒む自由はなかったし、入所患者には極めて厳格な外出制限を定めているし、また療養所長が退所を認めない限り療養所にとどまるべき義務が定められている。

第二に、憲法が保障している人権の内容を確認する。登場する憲法の条文は、まず、第二二条第一項（「何人も、公共の福祉に反しない限り、居住、移転及び職業選択の自由を有する。」）である。この規定で保障されている居住・移転の自由は、経済的自由の一環であるとともに、人身の自由（憲法一八条より広い意味で）としての側面を持つ。

ここで注意して欲しいのは、裁判官は条文の表面的な言葉だけではなくて、言葉によって表現されている思想にまで深く立ち戻って条文を理解していることである。裁判官は、憲法二二条が保障しているものが何かを深く捉えた。

自己の選択するところに従い社会の様々な事物に触れ、人と接しコミュニケートすることは、人が人として生存する上で決定的重要性を有する。

その不可欠の前提となるのが、居住・移転の自由である。そして、確かめられた憲法の人権規定の内容に照らして、新法の隔離規定（六条、一五条及び二八条が一体となって、伝染させるおそれがある患者の隔離を規定している）はこの居住・移転の自由を包括的に制限するものである、と判断する。

さらに、新法の隔離規定によってもたらされる人権制限の実態（人として当然に持っているはずの人生のありとあらゆる発展可能性が大きく損なわれる）は、単に居住・移転の自由の制限ということで正当には評価し尽くせず、より広く憲法一三条に根拠を有する人格権そのものに対するものととらえるのが相当である、という。ここで人権保障の内容が一層深められる。

第三に、けれども人権も全く無制限ではなく、公共の福祉による合理的な制限を受けるとして、「人権の制限」の問題に入る。ここで、裁判所は「患者の隔離がもたらす影響の重大性にかんがみれば、これを認めるには最大限の慎重さをもって臨むべき」であるとして、伝染予防のために患者の隔離以外に適当な方法がない場合で、しかも極めて限られた特殊な疾病にのみ隔離は許される、との見解を述べる。ここで新法が違憲か否かを判断する際の規準が示されたわけである。

第四に、いよいよ、新法が違憲か否かの判断に入る。結論部分である。二つの時期区分をしていることに注意したい。

①新法制定（一九五三年）当時から、隔離規定は公共の福祉による合理的制限を逸脱していた。

新法制定当時の事情、特に、ハンセン病が感染し発病に至るおそれが極めて低いものであること及びこのことに対する医学関係者の認識、我が国のハンセン病の蔓延状況、ハンセン病に著効を示すプロミンの登場によって、ハンセン病が十分に治療が可能な病気となり、不治の悲惨な病気であるとの観念はもはや妥当しなくなっていたことなど、当時のハンセン病医学の状況等に照らせば、新法の隔離規定は、新法制定当時から既に、ハンセン病予防上の必要を超えて過度な人権の制限を課すものであり、公共の福祉による合理的な制限を逸脱していた。

②遅くとも一九六〇年には隔離規定の違憲性は明白であった。

新法制定以降の事情、特に、昭和三〇（一九五五）年代前

半までには、プロミン等スルフォン剤に対する国内外での評価が確定的なものになり、また、現実にも、スルフォン剤の登場以降、我が国において進行性の重症患者が激減していたこと、昭和三〇年から昭和三五〔一九六〇〕年にかけても新発見患者数の顕著な減少が見られたこと、昭和三一〔一九五六〕年のローマ会議、昭和三三〔一九五八〕年の第七回国際らい会議（東京）及び昭和三四〔一九五九〕年のWHO第二回らい専門委員会などのハンセン病に関する国際会議の動向などからすれば、遅くとも昭和三五〔一九六〇〕年には、新法の隔離規定は、その合理性を支える根拠を全く欠く状況に至っており、その違憲性は明白となっていた。

なお、この違憲性判断の時期は、あとで説明するけれども、厚生大臣のハンセン病政策遂行上の違法性と過失を判断する前提作業としての「隔離の必要性について（隔離政策転換の時期）」の箇所の以下の叙述と照応する。

①新法制定当時すでに絶対隔離の必要性はなかった。

新法制定当時においては、スルフォン剤治療による再発の頻度がいまだ明らかになっておらず、スルフォン剤の評価が完全に確定的になったとまでいえる状況ではなかったこと、一九五二〔昭和二七〕年のWHO第一回らい専門委員会の報告を始め、国内外のハンセン病医学の専門家の意見としても、隔離政策を完全に否定するところまではいっていなかったことなどを考慮しても、少なくとも、病型による伝染力の強弱のいかんを問わずほとんどすべてのハンセン病患者を対象としなければならないほどの隔離の必要性は見いだし得ない。

②遅くとも一九六〇〔昭和三五〕年の段階では、相対隔離の必要性もなくなった。

もはやハンセン病は、隔離政策を用いなければならないほどの特別の疾患ではなくなっており、病型のいかんを問わず、すべての入所者及びハンセン病患者について、隔離の必要性が失われた。また、国側の主張に反論するかたちで、スルフォン剤単剤治療では再発することもあること、らい反応（副作用）があることがあること、難治らいの症例があることは、ハンセン病予防という公衆衛生上の観点から隔離の必要性を肯定する理由にはならない、医療上の観点から入院が必要な場合があるというだけである、と判決は述べている。

三　なぜ国に対して損害賠償が命じられたのか

国家賠償法を見てみよう。国家賠償法（一九四七〔昭和二二〕年法律第一二五号）は、第一条第一項で「国又は公共団体の公権力の行使に当る公務員が、その職務を行うについて、故意又は過失によつて違法に他人に損害を加えたときは、国又は公共団体が、これを賠償する責に任ずる。」と規定する。

この条文には、法律要件と法律効果とが規定してある。損害賠償という法律効果が認められるためには、いくつかの法律要件をすべて満たさなければならない。その要件は、大きく、①「国又は公共団体の公権力の行使に当る公務員がその職務を行うについて」、②「故意又は過失（以下、過失という）」、③「違法に（以下、違法性という）」、④「他人に損害を加えた（損害の発生と、加害行為と損害発生との因果関係）」である。この要件が満たされると、「国又は公共団体」（ハンセン病裁判の場合は厚生大臣・国会議員は国の公務員だから、国）が損害賠償責任を負うという法律効果が生じる。ハンセン病訴訟では、特に、②③違法性と過失の有無、④損害額が争われた。なお他に、損害賠償請求権を行使できる期間を過ぎているのではないかという大きな争点（民法七二四条後段）があった。

この法律要件（上の①～④）を満たす事実は、つまり権利の発生を根拠づける事実（主要事実）は、原則的には、法律効果を受けようとする原告（訴えを起こした元患者）が主張し、証拠を提出しなければならない。被告（国）の側は、それに反論（抗弁）し、反証する（事実を否定する証拠を出す）ことになる。裁判所は、当事者の間で争いのある事実（争点という）について、証拠を取り調べて事実を認定する（これを証拠調べという）。なお裁判所の証拠調べのうちハンセン病の専門医に対する証人尋問の様子については、証人調書によって知ることができる（ハンセン病国家賠償訴訟弁護団編『証人調書①大谷藤郎証言』、『証人調書②和泉眞藏証言』、『証人調書③犀川一夫』（皓星社））。

四　厚生大臣の法的責任

（1）厚生省の職務権限と「なにをすべき」だったか

厚生大臣の職務行為が違法であり、かつ過失が優にある、と判断されている箇所の結論部分をまず見よう。

伝染病の伝ぱ及び発生の防止等を所管事務とする厚生省を統括管理する地位にある厚生大臣は、厚生省が右のような隔離政策の抜本的な変換やそのために必要となる相当な措置を採ることなく、入所者の入所状態を漫然と放置し、新法六条、一五条の下で隔離を継続させたこと、また、ハンセン病が恐ろしい伝染病でありハンセン病患者は隔離されるべき危険な存在であるとの社会認識を放置したことにつき、法的責任を負うものというべきであり、厚生大臣の公権力の行使たる職務行為に国家賠償法上の違法性があると認めるのが相当である。そして、厚生大臣は、昭和三五年当時、（略）〔隔離の必要性の有無について指摘した〕各事情等、隔離の必要性を判断するのに必要な医学的知見・情報を十分に得ていたか、あるいは得ることが容易であったと認められ、また、ハンセン病患者又は元患者に対する差別・偏見の状況についても、容易に把握可能であったというべきであるから、厚生大臣に過失があることを優に認めることができる。

では、なぜ、厚生大臣の法的責任が問われるのか。厚生省（二〇〇一年から、厚生労働省となっている）は何をする官庁で、厚生大臣はどういう地位にあるかを確かめておきたい。厚生省設置法（昭和二四（一九四九）年法律第一五一号）から、厚生省の任務と所掌事務、権限を少し見てみよう。

第四条第一項　厚生省は、社会福祉、社会保障及び公衆衛生の向上及び増進を図ることを任務とし、次に掲げる国の行政事務及び事業を一体的に遂行する責任を負う行政機関とする。

第五条八号　伝染病、精神障害、地方病その他特殊の疾病について伝ぱ及び発生の防止、予防治療施設の拡充等予防業務の指導監督を行うこと。

同条三九号　らいの予防及び治療に関する調査研究を行うこと。

第三条の第二項をみると、「厚生省の長は、厚生大臣とする。」と定めてある。だから裁判では、「伝染病の伝ぱ及び発生の防止等を所管事務とする厚生省を統括管理する地位にある厚生大臣は」という形で厚生大臣の法的な責任、すなわち厚生大臣の職務行為が違法か否か、過失があるか否か、が問われているのである。ここでは、当該職務の実施に携わったすべての公務員の責任、すなわち当該権限の行使に関する職務執行の体制全体についての責任、厚生省の組織全体の責任が問われている（これを組織過失という）。

（2）法的判断のプロセス

裁判所の法的判断のプロセスを追いかけてみよう。

（イ）厚生省の隔離政策が国家賠償法上、違法か否かを判断する際のポイント

国は「法律による行政」論を主張した。行政は法律に従って政策を施さねばならないから、行政庁及びその職員が関係法律を違憲と考えたとしても、当該法律に従って政策を施すほかない。わかりやすく言うと、厚生省は、らい予防法に従って、らい予防法を守って隔離政策を遂行しただけであるから、違法であるとか、少なくとも過失があるとかの法的な非難は受けない。

確かに、行政による公権力の行使は法律に従って行われなければならないし、その反面、法律に従って行っている限り、たとえ損害が発生してもその行為が違法とされることはない。それは、一応その通りである。ただし、国側の主張は学説の法治主義の理解とはかなり違う。学説は行政に対し、憲法規範を組み入れた形での法律の解釈・運用を求めている。たとえば、学説はこう表現する。

国家賠償法における違法性とは、まず、客観的な法規範に対する違背を意味することになる。それは、法治主義でいうところの違法性と同じであり、憲法・法律その他の成文の

法規範や条理などの不文の法規範に対する違背を意味する。また、裁量の範囲逸脱・濫用も含まれる。また、違法か否かが一義的に明瞭ではない場合には、国家賠償の被害者救済機能に照らして、被害が重大なものである場合には、国家賠償法上の違法性があると判断できることがある（芝池義一『行政救済法』〔有斐閣、一九九五年〕二〇五頁以下）。

この国側の主張に対し、裁判所はどう応えたのだろうか。らい予防法が存続していたことは、厚生省が漫然と隔離政策を続けたことを免責しない、というのが裁判所の結論である。理由が二つある。一つめの理由は、国会での新法廃止が抜本的な解決になるが、そのためには、厚生省の新法廃止に向けての積極的な作業が必要であるのに、厚生省は何もしていないことである。地裁はつぎのように厳しくいさめている。

隔離政策による患者の人権被害が甚大であり、隔離政策の誤りが明白となっている状況の下では、厚生省がそのような作業をしても国会で新法廃止の立法がなされなかった場合であればともかく、厚生省が右のような新法廃止に向けての積極的な作業を一切することなくこれを放置しておきながら、厚生省は違憲の法律であってもそれに従って行政を行なう以上国家賠償法上の違法性はなく、少なくとも故意・過失はないというような主張は採用できない。

（ロ）厚生省の隔離政策の継続はらい予防法に従ったものではない。

これが二つめの理由である。地裁は、らい予防法をこう読んだ。

新法は、必ず隔離政策を維持・継続しなければならないと定めているわけではなく、むしろ、隔離の必要性の判断を、医学的知見の進展やハンセン病の蔓延状況によってその都度変更すべき場合があることを予定している。

新法は隔離政策の継続を決定づけていない。むしろ医学的知見の発展によって政策の見直しを予定していた。厚生省が、この見直しを怠ったとすれば、厚生省には責任がでてくる。だかららい予防法の存在は行政の怠慢の責任を問うための障害にはならない。

少し詳しくみよう。らい予防法の下での患者の隔離は、基本的人権を保障した憲法の下では、最大限の慎重さでもって実施すべきだった。第六条第一項はその趣旨を含んでいる。判決はこう述べる。

患者の隔離は、患者に対し、継続的で極めて重大な人権の制限を強いるものであるから、すべての個人に対し侵すことのできない永久の権利として基本的人権を保障し、これを公共の福祉に反しない限り国政の上で最大限に尊重することを要求する現憲法の下において、その実施をするに当たっては、最大限の慎重さをもって臨むべきであり、少なくとも、ハンセン病予防という公衆衛生上の見地からの必要性（以下「隔離の必要性」という。）を認め得る限度で許されるべきものである。新法六条一項が、伝染させるおそれがある患者について、ハンセン病予防上必要があると認められる場合に限って、入所勧奨を行うことができるとしているのも、その趣旨を含むものと解される。

そして、隔離の必要性についての判断は、その時々の医学的知見など状況の変化によって変わるものだし、慎重にすべきだが、厚生省はそのような姿勢で仕事をしたか、と問いかける。隔離の必要性の判断は、医学的知見やハンセン病の蔓延状況の変化等によって異なり得るものであるから、その時々の最新の医学的知見に基づき、その時点までの蔓延状況、個々の患者の伝染のおそれの強弱等を考慮しつつ、隔離のもたらす人権の制限の重大性に配意して、十分に慎重になされるべきであり、もちろん、患者に伝染のおそれがあることのみによって隔離の必要性が肯定されるものではない。

そして、厚生省は新法の改廃に向けた諸手続を進めることを含む隔離政策の抜本的な変換をする必要があった、と裁判所はいう。では、隔離政策を転換すべき時期はいつだったのか。裁判所はこう判断している。新法制定当時でも絶対隔離の必要性はなかった。「国内外のハンセン病医学の専門家の意見としても、隔離政策を完全に否定するところまではいっていなかったことなどを考慮しても、少なくとも、病型による伝染力の強弱のいかんを問わずほとんどすべてのハンセン病患者を対象としなければならないほどの隔離の必要性」はなかった。そして、遅くとも昭和三五（一九六〇）年以降においては、もはやハンセン病は、隔離政策を用いなければならないほどの特別の疾患ではなくなっており、病型のいかんを問わず、すべての入所者及びハンセン病患者について、隔離の必要性が失われた。スルフォン剤単剤治療の時代の再発の可能性やらい反応による入院の必要性などは隔離の必要性を肯定する理由とはならない。

(3) 厚生省はどのような措置をとるべきだったのか。

裁判所は、具体的に述べている。第一に、すべての入所者に対し、自由に退所できることを明らかにする相当な措置を採るべきであった。第二に、療養所外でのハンセン病医療を妨げる制度的欠陥を取り除くための相当な措置を採るべきであった。

そして第三に、「厚生省としては、入所者を自由に退所させても公衆衛生上問題とならないことを社会一般に認識可能な形で明らかにするなど、社会内の差別・偏見を除去するための相当な措置を採るべきであった」。なぜそのような措置を採らねばならないかというと、「社会に存在する差別・偏見がハンセン病患者及び元患者に多大な苦痛を与え続け、入所者の社会復帰を妨げる大きな要因にもなっていること、また、その差別・偏見は、伝染のおそれがある患者を隔離するという政策を標榜し続ける以上、根本的には解消されない」

からである。

　ここでは、とりわけ、このような措置をとるべき厚生省の義務の根拠づけとされているのが、国・厚生省（内務省）が行った先行行為（従前のハンセン病政策）であることに注意を払って欲しい。

　ここでは、先行的な事実として、戦前の国や各県の行政も裁かれているのである。先行的な事実が、行政の不作為をゆるさなかった。自らが作りだした社会内の差別・偏見であるからこそ、自らそれを除去する措置をとる義務が出てきたのである。

五　国会議員の法的責任

　なぜ、国家議員の法的責任が認められたのか、裁判所の法的判断のプロセスを追いかけてみよう。

　判例は、法律の内容が憲法違反か否かという問題と国家賠償法上違法か否かという問題とを分けて考える（最高裁一九八五年一一月二一日判決）。

　その考え方であるが、原則的に、「国会議員の立法行為は、本質的に政治的なものであって、その性質上法的規制の対象になじまず、特定個人に対する損害賠償責任の有無という観点からあるべき立法行為を措定して具体的立法行為の適否を法的に評価する」ことは許されない。しかし例外を認める。「国会議員の立法行為は、立法の内容が憲法の一義的な文言に違反しているにもかかわらず国会があえて当該立法を行うというごとき、容易に想定し難いような例外的な場合」は違法との評価を受ける。これが最高裁判例である。

　この判例を前提にした上で、地裁は、様々な諸事情を考慮し、新法の隔離規定が存続することによる人権被害の重大性と司法的救済の必要性を考えて、他にはおよそ想定し難いような極めて特殊で例外的な場合として、遅くとも昭和四〇〔一九六五〕年以降に新法の隔離規定を改廃しなかった国会議員の立法上の不作為につき、国家賠償法上の違法性を認めた。立法が憲法の一義的な文言に違反しているか否かのみに拘泥しなかった地裁判決は、実質的には、最高裁判例と異なり、立法を違憲・違法とすることに積極的な姿勢をとった、といえる（憲法八一条参照）。

　では、国会議員はどうすればよかったのか。裁判所はこういっている。

　新法の隔離規定の違憲性を判断する前提として認定した事実関係については、国会議員が調査すれば容易に知ることができたものであり、また、昭和三八〔一九六三〕年ころには、全患協〔＝療養所入所者の自治会の全国組織〕による新法改正運動が行われ、国会議員や厚生省に対する陳情等の働き掛けも盛んに行われていたことなどからすれば、国会議員には過失が認められる。

　ここでは特に、全患協、療養所入所者の声に耳を傾けなかったことの責任が厳しく問われていることに注目したい。

また被告（国）はハンセン病の専門家に責任を転嫁しようとしたが、裁判所は厳しく断罪した。被告はこう主張した。「日本らい学会等のハンセン病に関する専門家が、予防措置は不要であるとして医学的知見に基づく政策変更の提言をしたのは平成七（一九九五）年のことであるから、それ以前に、国会議員が法廃止の必要性を判断できなかったとしてもやむを得なかった」。

しかし裁判所はこう判断した。

しかしながら、既に検討したとおり、プロミンによりハンセン病が治し得るものとなっていたことは、新法制定までの国会審議で明らかにされていた上、ハンセン病に関する国際会議の動向は、国会議員においても自ら又は厚生省を通じて調査すれば十分に認識可能であり、遅くとも昭和三九（一九六四）年には厚生省公衆衛生局結核予防課がまとめた『らいの現状に対する考え方』等によって、新法が医学的根拠を欠いていたことが十分に判断できたはずである。

ここでは、国会審議の過程での光田健輔ら療養所の三園長発言（第一二回国会参議院厚生委員会〔一九五一年一一月八日〕）など専門家への責任転嫁を許していないことに注意を払っておきたい(2)。

六　裁判所の法的判断を支えたものは何か

歴史を辿ることによって原告らの被害を何が生み出したかを理解することができた。ここでは無らい県運動の前と後の二種類の差別を区別したことに注目したい。

国策として推進された無らい県運動は「地域社会に脅威をもたらす危険な存在でありことごとく隔離しなければならないという新たな偏見」を生み出した。従来の差別・偏見は、「ハンセン病患者を穢れた者、劣った者、遺伝的疾患を持つ者」と見る考えであった。しかし無らい県運動が生み出した偏見は、従来とは質の異なるものであった。判決はこれを明瞭に表現する。

このような状況は、昭和四（一九二九）年ころから終戦にかけて全国各地で大々的に行われた無らい県運動による強制収容の徹底・強化により、大きく変わった。無らい県運動により、山間へき地の患者までもしらみつぶしに探索しての強制収容が繰り返され、また、これに伴い、患者の自宅等が予防着を着用した保健所職員により徹底的に消毒されるなどしたことが、ハンセン病が強烈な伝染力を持つ恐ろしい病気であるとの恐怖心をあおり、ハンセン病患者が地域社会に脅威をもたらす危険な存在でありことごとく隔離しなければならないという新たな偏見を多くの国民に植え付け、これがハンセン病患者及びその家族に対する差別を助長した。このような無らい県運動等のハンセン病政策によって生み出された差別・偏見は、それ以前にあったものとは明らかに性格を異にするもので、ここに、今日まで続くハンセン病患者に対する差別・偏見の原点があるといっても過言ではない。

さらに、判決は強制収容政策が戦後も継続された事実を指摘する。厚生省は、一九五〇年ころ、すべてのハンセン病患者を入所させる方針を打ち立て、これに基づき、全患者の収容を前提とした増床を行い、患者を次々と入所させていった。

これにより、患者総数のうちの入所患者の割合は、一九五〇年には約七五％だったが、一九五五年には約九一％になった。このような患者の徹底した収容やこれに伴う患者の自宅の消毒、「ライ患者用」などと明記された列車を仕立てての患者の輸送等は、ハンセン病が強烈な伝染力を持つ恐ろしい病気であり患者は隔離されなければならないとの偏見を更に作出・助長した。

また、らい予防法には、即時強制を含む伝染させるおそれがある患者の入所措置(六条)、外出制限(一五条、二八条)、従業禁止(七条)、汚染場所の消毒、物件の消毒・廃棄・移動の制限(八条、九条、一八条)等の規定がある反面、退所の規定がない。

判決は、新法の存在や厚生省の政策をこう評価した。

新法の存在は、ハンセン病に対する差別・偏見の作出・助長・維持に大きな役割を果たした。このような法律が存在する以上、人々が、ハンセン病を強烈な伝染病であると誤解し、ハンセン病患者と接触を持ちたくないと考えるのは、無理からぬところであり、法律が存在し続けたことの意味は重大である。瀬戸内海の孤島等のへき地に置かれた療養所の存在も、新法の存在とあいまって、人々にハンセン病が恐ろしい特別な伝染病であることを強く印象付け、差別・偏見の作出・助長・維持に大きな役割を果たした。社会的差別や偏見を作りだしたのは国の隔離政策である、と判決はいう。このことを理解できるかどうかは決定的である。裁判所は戦前からの歴史を辿ることによって理解した。しかし被告（国）は理解できなかった。歴史を遮断することによって免責を図った。その法的な根拠とされたのが、民法七二四条である。民法七二四条後段は、不法行為の時から二〇年が経過したら損害賠償請求権は消滅する、と定める。

そこで、国は、原告が訴えを起こしたときから二〇年以上前のことについては、すでに期間の経過によって損害賠償請求は消滅しているのだから、証拠調べの必要もないという姿勢をとった。

国は二〇年以上前を見ようとはしなかった。しかし、裁判所は、歴史を辿ることによって、国の不法行為は一九九八(平成八)年のらい予防法廃止の時まで続いていたと判断した。社会的差別・偏見による原告らの損害は国の法律と政策が作りだしたものであった。だからこそ国には積極的に社会的差別・偏見を払拭する義務が生まれていたのである。しかし、国は差別・偏見を生みだした強制隔離政策をそのまま継続した。

国はハンセン病罹患者らの被害を真正面から見ようとはしなかった。だから、らい予防法という法律に従って隔離を続けた行政には責任がないし、また国会議員は政治的な責任のみを負うのであって個々の国民に対し法的な責任を負うことはない、という主張ができた。だから判決では、そのような主張しかできなかった国の姿勢そのものが厳しく問われているのである。

七　一九六〇年までは強制隔離をしてよかったのか

裁判所は、厚生大臣は遅くとも一九六〇（昭和三五）年には強制隔離政策を転換すべきであったとし、また強制隔離によって原告らに生じた損害についても、一九六〇年以降のみを原告らに共通の損害として認めた。では、国が原告らを一九六〇年以前に療養所に隔離したことを「正しいこと」だったと言っているのだろうか。

先に見たように、「新法の隔離規定は、新法制定当時から既に、ハンセン病予防上の必要を超えて過度な人権の制限を課すものであり、公共の福祉による合理的な制限を逸脱していた」、つまりらい予防法は最初から憲法に違反していた、と裁判所は言っているのである。

また裁判所は、一九五九年以前の段階でも、患者の病型による伝染力の強弱によっては隔離の必要性がなく、入所による隔離が違法であり、損害を被った原告もいたと考えている。しかし、この段階で、原告らに生じた損害を救済しようとすれば、原告ら個々人の事情（伝染力の強い病型か否か）を一人一人立証させる必要がでてくる。

しかしそのような立証をしていったのでは訴訟は大きく遅れて、七〇歳、八〇歳という原告らの権利の救済にはならなくなってしまう。したがって裁判所は、一九六〇年以前に生じた損害については、原告らの共通損害とはしなかった。提訴から三年以内に裁判を終わらせるために、いわば原告らに共通に生じていることに疑問の余地のない部分の損害の賠償のみを国に命じたのである。それが一九六〇年の段階であった。

隔離の必要性がなくなった時期すなわち隔離政策の継続が違憲であり、あるいは国家賠償法上違法であり過失があると判断される時期は、遅すぎる印象を受ける。違憲性の判断について極めて慎重な裁判所の判断が見てとれる。この判決は、隔離政策を推進してきた立場にある人であっても、すなわち予防のために患者の隔離が必要だと考える人でも、遅くともこの時期には政策を転換すべきであった、という意味で読まれるべきであろう。

戦前すでに隔離の必要性を否定した小笠原登（京都帝国大学皮膚科特別研究室主任）の見解や今日的な人権感覚（たとえ

ば感染症予防法を参照せよ）からすれば、もっと早い段階で違憲性と国の法的責任をいうことができるであろう。裁判所はやはり抑制をして、疑問の余地が全くない時点で国家賠償法上も違法との判断をした。それが一九六〇年である。

さらにまた熊本地裁の裁判官たちも、今日の眼で過去を振り返ってみれば、隔離政策は「まったく正しくなかった」という立場に立っている。

地裁判決は、西欧では明治期から「施設隔離」は患者の人権との緊張関係をもって行われていたことを戦前からの国際らい会議での議論を通して簡潔に伝える。国際社会では、発病率が低いという医学的知見が活かされていた。たとえば、一八九七年の第一回国際らい会議においてナイセル（細菌学者、ハンセン病の伝染説の確立に貢献した）は、「らいは疑もなく伝染性であるがその伝染性の程度は而し顕著ではないし又各型によって異なって居る。（中略）総てのらい患者を一つの規格に従って取扱い隔離しようとすることは誤りである。（中略）総てのらい予防は一つの隔離、家庭からの分離から始まる。らいをその初期に絶滅させる事の出来る場所では規則は極端に厳重でなくてよい。」と述べた。

また国内でも、戦前すでに小笠原登は、ハンセン病の感染力は微弱であるとし、隔離政策を批判し続けたこと、それが日本癩学会で徹底的に攻撃されたことを判決は伝える。また判決は戦前の無らい県運動を今日まで続く差別・偏見の原点として厳しく批判している。

化学薬剤の登場する前の段階でも患者とその家族を差別・偏見の対象としてはならなかったのである。ハンセン病の患者を差別してはならないのはハンセン病が治る病気になったからではない。治らない病気であったとしても、それを理由に差別の対象としてはならない、と地裁判決はいっている。この点はよく理解しておきたい。

熊本地裁のこの認識からすれば、原告らが主張したように日本国憲法施行後になお旧法（＝癩予防法〔一九三一年法律第五八号〕）の下で隔離政策を継続した国の法的責任を問うことすらもできたであろう。しかしそうすると医学論争に巻き込まれる可能性が出てくる。たとえば一九五一年の段階では、参議院厚生委員会での国立療養所三園長発言に見られるように、外来治療に向かう世界の流れを知りながら「治療よりも隔離」という主張をするハンセン病の専門家もいた。

国家賠償法上、国に法的責任があるか否かの判断は、「その当時」、隔離政策を転換すべきと判断できたか否かを問うことである。一九六〇年以前の隔離政策が「正しかった」と裁判所が考えているわけではない。判決は、戦前戦後を通して一貫してとられた隔離政策に対する国の責任を全面的に認めているといってよい。

八　原告らの歩みは始まったばかりである

国は控訴を断念し、判決は確定した。これによって判決はみんなで共有できる一つの知的財産となった。過去を辿り、歴史を語ることによって、原告らの被害の本質を明らかにし、国みずからが語ることがなかった国の法的責任を明らかにした。熊本地裁判決によって原告らとその家族の名誉は回復された。

第一次原告の日野弘毅さんが判決の日に創った詩がある。「太陽が輝いた。私はうつむかないでいい。市民のみなさんと光のなかを胸を張って歩ける」(3)。

判決によって償われた損害は、原告らに生じた損害のごく一部にすぎなかった。しかし判決は被害回復を求める原告らの声に正当性を与え、その後の療養所非入所者・遺族を含めた元患者らの全面的な救済への道を切り開く法理論上の根拠となった(4)。

しかし元患者らの社会復帰を求める営みはまだその途上にある。「社会の様々な事物に触れ、人と接しコミュニケートすること」を奪い、「人生のありとあらゆる発展可能性」を奪った国が加害者としてとるべき法的責任を本当に果たすか否かは再び歴史によって検証される。

原告らと同時代を生きた私たちもそれぞれの責任を免れることはできない。とりわけ教師は、かって無らい県運動のなかで、役場の職員、医者とともに教師が患者の「刈り込み」の手足として使われたことも記憶にとどめて置いていいだろう。

どんな時代でもどんな社会でも他人の、少数の人の権利を無造作に奪う人々がいる。ときとして、それは法律を装ってなされる――それは過去の物語ではない。熊本地裁に訴えを起こした原告はわずか一三名だった。しかし東京地裁、岡山地裁でも提訴され、原告の数は二〇〇〇名を大きく超えた。そうして、熊本地裁は、この法律を違憲と判断し、国の法的責任を宣言した。私たちの社会がもっている復元力がようやく示されたのである（憲法七六条三項、八一条、九八条）。判決を学び、国家そして私たちが何をしたかを検証し続けることができるなら、私たちの社会には希望がある。

最後に、憲法九七条を読みたい。「この憲法が日本国民に保障する基本的人権は、人類の多年にわたる自由獲得の努力の成果であつて、これらの権利は、過去幾多の試錬に堪へ、現在及び将来の国民に対し、侵すことのできない永久の権利として信託されたものである。」（采女博文）

(1)　現行法令は、法令データ提供システム（http://law.e-gov.go.jp/cgi-bin/idxsearch.cgi）で調べることができる。

(2)　国会審議の模様は、国会会議録検索システム（http://kokkai.ndl.go.jp/）から知ることができる。

① 第三回国会衆議院の厚生委員会（一九四八（昭和二三）年一一月二七日）では、療養所入所者からの請願説明があり、東龍太郎説明員（厚生省医務局長）が「癩に対する根本対策――癩のいわゆる根絶策といいますか、全部死に絶えるのを待つ五十年対策というのではなく、これを治癒するということを目標としておる癩対策というようなものを立てるべきじやないかと私ども考えております。」と回答しており、この時点では、厚生省は、プロミンやプロミゾールによる治療効果を確信し、ハンセン病患者の根絶策から治療による社会復帰策への根本的な転換を図ろうとしていることがわかる。

② 第一二回国会参議院厚生委員会（一九五一年一一月八日）の会議録では、長島愛生園長光田健輔の証言を読める。この光田証言からは、自分と家族の生活を守るために必死に闘う患者の姿、そして幸せを押し売りする専門家集団の姿が浮かび上がる。この集団は国際社会での動きを知りながら、あえて強制隔離にこだわった。そこには人間を社会から隔離することへの苦悩は一切ない。この証言には、人間を根絶することによって病気を根絶するという逆転した思想がある。また、ハンセン病が治癒する病気になった時代に、なおハンセン病は不治の病であるという観念にしがみついた異常さがある。医療の最先端技術を担った専門家集団に人権感覚がなかった。

③ 第一六回国会参議院本会議一九五三年八月六日では、らい予防法への賛否の演説を知ることができる。「この法案の大きな欠陥は、患者に何一つ将来への希望というものを与えておらない」（加藤シヅエ議員）。

(3) 久保井摂「真の『人間回復』へ向けて」法学セミナー五六〇号六四頁。

(4) 判決の確定を受けて、七月二三日に原告側と国との間で和解の基本合意書が作成され、療養所入所者原告との間では次々に和解が成立し、またハンセン病療養所入所者等に対する補償金の支給等に関する法律（二〇〇一年六月二二日法律第六三号）も成立した。同年一二月二五日には、①謝罪・名誉回復（「全国の中学生に対し、パンフレットを配布する。」を含む）、②在園保障（療養所入所者が在園を希望する場合には、その意思に反して退所、転園させることなく、終生の在園を保障する）、③社会復帰・社会生活支援（退所者給与金制度を創設する、など）④真相究明等を内容とする確認書がまとまった。

しかし「遺族原告」及び「入所歴のない原告」問題の解決には国は当初消極的であったが、熊本地裁はねばり強く和解による解決を促した。二〇〇二年一月二八日、提訴前死亡の遺族と入所歴のない元患者とに関する司法上の解決（裁判上の和解）のための基本合意書（①謝罪、②一時金の支給など）が調印され、司法上は全面解決した。もちろん、被害者全員の名誉回復、社会復帰の実現など、なお解決すべき課題は残されている。

③基本的人権と公共の福祉

憲法一三条の規定は人権を包括的に保障するものであり、この規定を根拠にプライバシー権、環境権など様々な新しい権利が生み出されつつある。

憲法一三条の「公共の福祉に反しない限り」の読み方であるが、これを大日本国憲法の「法律の範囲内において」という法律による留保と同様に読むと、日本国憲法の人権保障の意味はまったく理解できなくなる。憲法学の代表的教科書（佐藤幸治『憲法』青林書院）は、つぎのように説明する。「公共の福祉は、本質的に個人の基本的人権と対立する実体的な多数者や全体の利益を意味するのではなく、各個人の基本的人権の保障を確保するための、基本的人権相互間の矛盾・衝突を調整する公平の原理である」。「公共の福祉は基本的人権の一般的制約根拠となるものではあるが、それ自体としては基本的人権の制約正当化事由となるのではない。正当化事由は、各基本的人権の性質に応じて具体的に引き出されなければならない」。つまり「公共の福祉」による制約は、個々の場合においてその実質的具体的な内容でもって論証することが要求されている。

なお裁判所は、人権侵害の程度と公共の福祉による制約の必要性とを比較衡量するが、同じ秤にのせて衡量すること自体を批判する有力な説もある（樋口陽一『憲法』創文社）。

権利には内在的な制約と外在的な制約があるという考え方がわかりやすいだろう。まず、他人を害しないことが人権制約の最も基本的な原理である（詳しくは、J・S・ミル『自由論』岩波文庫参照）。他人の生命・身体を傷つけたり、他人の物を破壊する権利を想定すべきではない（内在的制約）。また、基本的人権を尊重するとは、その人のためになるという理由による干渉を基本的に許さないことである。個人の尊厳の尊重は私たちの社会の核心部分である。

これに対し、財産権、経済活動の自由は一定の社会経済政策によって制約を受けることが承認されている（外在的な制約）。最高裁も、「個人の経済活動の自由に関する限り、個人の精神的自由等に関する場合と異なって」、積極的な社会経済政策の実施の一手段として、これに一定の合理的規制措置を講ずることはもともと憲法が予定している、と述べる（最大判一九七二年一一月二二日）。

（采女博文）

Ⅱ部　授業編

授業実践①

発表学習で認識を深める

（中学校）

授業のねらい

本実践は、ハンセン病訴訟判決文を活用し、子どもたちの疑問追求を大切にしながら調べ学習や発表学習を行っていく授業プログラムである。

平成一四年度から「総合的な学習の時間」が本格的に実施されている。学習指導要領では、「各学校は、地域や学校、生徒の実態等に応じて、横断的・総合的な学習や生徒の興味・関心等に基づく学習など創意工夫を生かした教育活動を行うもの」として「総合的な学習の時間」を位置づけている。この新設された時間を活用して、他（人・事・物）とのかかわり合いを大切にしようとする子どもたちを育て、地域・社会にある諸問題を自らの問題として主体的にとらえ直し、人権尊重の精神を身につけさせることができるのではないかと考える。

ハンセン病は、子どもたちにとって極めて重い内容であるために、判決文を読んでいくことだけで関心を持続させ、理解させていくことは容易ではない。そこで、まず授業実践の最初を新聞記事やビデオを通して視覚的に子どもたちを揺さぶり、その上で、判決文の中に掲載されている原告の差別・偏見にさらされた証言を読み合わせたり、まとめさせ、発表させようとしたものである。

証言は事実を淡々と述べているが、授業では、人権侵害の状況を読みとるにつれて子どもたちは驚愕し、ハンセン病とは何なのか、ハンセン病訴訟とはどのようなものであったのかを意欲的に追求していくことになった。

ハンセン病訴訟判決と政府の控訴断念の事実を一過性の事件として受けとるのではなく、戦後の日本社会が達成した成果として判決文の内容を共有し、今後の学校教育における人権学習の機会として、「総合的な学習の時間」や社会科、道徳など様々な機会に学ぶべき事例であるように思われる。

授業計画

時	学習テーマ	学習活動
1	ハンセン病とは何か。 ハンセン病判決とは何か。	・「TP（南日本新聞記事）」、「ビデオ（KTS）」でニュースフラッシュ。 ・原告の証言を読む。　・証言を各班で読み、発表する。 ・証言を聞いて、思ったこと、調べてみたいことを発表する。 ・ビデオを見る。
2　3	判決文の内容を調べてみよう。	生徒たちが調べてみたいことをもとに「原告が訴えたこと」「ハンセン病について」「強制隔離政策について」「療養所内の生活について」「社会における偏見と差別について」などの観点で各班で調べる。
4　〜　6	発表会をしよう。	・各テーマごとに発表。 ・生徒質問、教師質問で内容理解を共通のものにする。（ビデオも活用する。）
7	裁判官が訴えたかったことは何か。	・ワークシートに記入。 ・各班で適語を考察し、理由とともに発表する。 ・判決文が訴えたことを理解する。
8	ハンセン病問題を学習して	・ビデオを視聴する。 ・まとめの感想文を書く。

授業展開

導入（第一次）

①ハンセン病判決までの経過を新聞記事やビデオを通して理解させる。
②ハンセン病判決文掲載の証言を通して、ハンセン病に対する差別の深刻さを痛感させ、ハンセン病とは何か、ハンセン病訴訟とは何かを調べていく意欲を喚起する。

きょうは、ハンセン病とは何か、ハンセン病訴訟とは何かについて学んでいきましょう。 まず、このＴＰ（厚生大臣謝罪の記事）を見て下さい。この人、だれかわかりますか。

「・・・」

菅直人という当時の厚生大臣です。 ニュースのビデオもあります。

ビデオニュース

次のＴＰ（新聞記事「人間回復をめざした闘い＝元患者提訴」）を見て下さい。 裁判が始まるわけです。ニュースのビデオも見てみましょう。

控訴断念までの新聞記事のＴＰとビデオニュースをフラッシュで流す。

鹿児島市立清水中学校３年１組　生徒数合計36名
授業者：新福悦郎
2001年9月20日～10月22日

子どもたちは熱心にニュースを見つめていた。

> この原告である元患者がどんな体験をしたのか判決文の中の証言を読んでいきましょう。

判決文の中の証言を配布する。まず教師が読む。

> 証言を読んでどう思いましたか？

「かわいそうだと思いました。」

> どこの部分でそう思った？

「差別をおそれる母から、『帰ってくるな』と言われるようになったこと。」

「二泊三日の帰省許可をもらって喜び勇んで実家に戻ったら、父から『世間体があるからもう帰ってきてくれるな』と言われたところが、同じ血のつながった家族なのにつらい。」

証言を教師が二つ程度読み、心に残った点を発表してもらう。

そして、生徒を指名して三つ程度の証言を読んでもらう。

> どうして帰ってくるなとか、実母の葬式に呼ばれなかったのですか。

「ハンセン病患者が差別されていたから。」

> そうですね。

〈第一次授業後の生徒の感想〉

（1）心の痛みとして

・ハンセン病は、人にうつらない病気だとわかった後も、まだ、差別や偏見が残って、私たちは普通にタクシーに乗ったりできるのに、患者だからって乗れなかったり、隔離されたり、自分から山奥の小屋に一人暮らしをしたのに、それでも入所しろ!と周りの人が言ってきたりして、すごい差別を受けてとってもつらそうに感じた。ビデオでも、裁判に勝ったおばあさんが、「これでやっと人間にもどれた」みたいに言っていたが、自分は人間じゃないかと思うほど差別を受けていたんだなあと思った。悲しく感じた。

・ハンセン病の人たちはファシズムの時に強制収容所に送り込まれたユダヤ人の状況と同じだと思いました。あの敬愛園の中で亡くなった人たちの内には、きっと頭がハンセン病患者に対する社会的差別や偏見があったからなのです。次の証言では、いったいどんなところが差別や偏見だと思うかを考えながら読んでみましょう。

証言の中の差別をいろいろと発表した。

次に各班で証言を一つずつ割り当てます。各班で読み合わせをして、その要約を代表の人に発表してもらいます。そして、耐えられないと思ったところを発表して下さい。

代表が前に出て要約を発表。発表に対して教師の方で質問した。

もし、あなたが校長先生から学校に来るなと言われたらどうする？

「かなりつらいです。耐えられない。」

「家出する。」

ハンセン病というのはいったいどういう病気なのですか。

「非常に感染力の弱い病気で、ほとんどうつらない。」

ほとんどうつらないんですか？

「はい。」

判決文の中の元患者の証言を読むだけで、その深刻な人権侵害の状況が子どもたちの心を

良くて学者さんになったり、モデルとかになったりできたかもしれないのに、国に夢や人生や子どもや家族とのきずなをとられてかわいそうだと思いました。だからこそ勝訴して良かったと思います。

(2) 元患者の立場に立って

・自分は目の前で、ハンセン病患者を見たことがない。けど、自分の身近なところで本当にハンセン病という病気のせいで苦しんでいる人たちがいる。ひどい差別を受け、自分の子どもと生き別れになって、家族の前にも二度と姿を現すことができない。子どもも産めない、就職もできない。自分のやりたかったこともできない。自分だったら、耐えられない。

・私は今までハンセン病のことをくわしく知らなかった。知らないからこそ、勉強しなければいけないと思った。どれほどツライ思いをしただろう。差別を受けなが打つ。「もし自分がその状況におかれたら…」子どもたちは次第にハンセン病元患者の「心の痛み」を共有していく。同時に「ハンセン病とはどういう病気なのか」「ハンセン病訴訟とはどういうものだったのか」を調べようとする意欲を喚起していく。最後に証言のビデオを見せた。

次は授業後の感想用紙に、生徒たちが調べたいと記した内容である。

・ハンセン病とは何か。どういう病気なのか。
・なぜたくさんの人が感染しやすい病気だと思いこんでいたのか。
・なぜらい予防法はこんなにおそく廃止されたのか。
・らい予防法とはどんなものか。
・なぜ、強制的に療養所に入れる必要があったのか。
・療養所での生活はどうだったのか。
・どんな差別があったのか。
・治療法はないのか。
・裁判に勝つまでの経緯を調べたい。

調べ学習から発表会へ（第二〜六次）

①ハンセン病とは何なのか、どのような差別や偏見があったのか、療養所の生活はどうだったのか、歴史はどうだったのかを発表学習を通して学び、ハンセン病に対する理解を深める。
②ハンセン病元患者が長い間社会的偏見と差別の中にあり、深刻な人権侵害にあったことを理解し、ハンセン病元患者への共感的な視点を持たせる。

ら、きっと言葉にできないほどの苦しみや悲しみをあじわったと思う。もし、自分が患者の立場だったら、たぶん耐えきれなかった。だから、私たちはできるかぎりのことを、元患者の人たちにしてあげるべきだ！！

(3) 判決を評価する

・この授業を受けて、ハンセン病がどういうものだということが分かった。差別や偏見はとてもひどいし、ほとんどの人が家族からも捨てられていることにとても悲しい思いをしてきたんだなあと思いました。勝手にハンセン病がうつると思いこんでいる人達がまだいるのならば、ハンセン病元患者の苦しみを少しでもしってもらいたいです。判決は元患者たちが思っていたとおりになったので本当に良かったです。

第二次と第三次は、調べ学習とした。

各班に分かれ、次のような観点で判決文をまとめて調べてもらうことにした。

①ハンセン病という病気について
②社会における偏見と差別について
③療養所内の生活について
④強制隔離政策の歴史について
⑤原告が訴えたこと
⑥裁判所の判断

広幅用紙にまとめてもらい、右の順番で発表してもらう。

子どもたちの中には、新聞記事やインターネットで引き出した資料を使うものもいた。

ハンセン病の歴史について発表してもらいましょう。まずは戦前の歴史からお願いします。

生徒発表

【戦前の隔離政策の歴史について】

鹿児島にも療養所ができたんですか。

「鹿屋の星塚敬愛園と大島の療養所です。」
「懲戒検束というのは何ですか。」
「辞書で調べたんですが、悪い行いをとがめて、きびしくしかったり、罰を加えたりすること

（4）差別のない社会づくりを

・日本国憲法にはしっかりと平等権がしるされているのに、隔離され差別や偏見の目で見られてきた人たちはどのような思いで生きてきたのだろうか。きっと僕たちが想像できないようなものだったのだろう。「やっと人間になれた気がする」といっていたが、このようなことはもうあってはならないと思う。国も責任を認めた。これからは社会全体でつぐなっていくべきだと思った。

単元終了後の感想文

（1）学習の意義を考える

・ハンセン病のことを学習して、私はこんな病気があってつらい思いをした人たちがいるなんてぜんぜん知らなかった。学習できてよかった。ハンセン病にかかった人たちは療養所に強制的に入れられ

です。」

「その場合の罰というのは何なの。」

「譴責や三〇日以内の謹慎、七日以内の二分の一までの減食、三〇日以内の監禁です。」

無らい県運動というのがありますね。（板書）
これはどんなものだったのですか。

「昭和四年、愛知の民間運動として起こり、日中戦争のころからこの運動で、強制的に収容していこうとしたものです。」

どうすること？

「ハンセン病患者を見つけて、徹底的に強制収容しようとした。」

（「無らい県」という文字をさして）
つまり、患者を県からなくすということですね。

（フロアから）「なんで、患者をなくさないといけないの？」

「つまり、当時の政府は民族浄化のためにと言っています。」

民族浄化のために、戦前はハンセン病患者を徹底的に強制収容しようとしたわけですね。
では、どんな歴史があったのかビデオで見てみましょう。

戦前の歴史と監禁、重監房のビデオを見る。

たりして差別・偏見されたりしてとてもかわいそうだなと思った。中でも、子どもが産めなかった。病気が治っても就職できなかったりして人ができることを全部うばわれてしまって本当にひどいと思った。差別偏見をうけないでどんな人でも平等に生きるということはとても大切だと思った。

・ハンセン病がいったいどのような病気なのか？どんな差別をされてきたのか、初めて知った。就職もできず、子どもを産むことも許されないなんて、人権が侵されていると思う。差別、強制隔離を続けることによって、さらにハンセン病患者の社会復帰を妨げてきたんだと思う。この授業で、ハンセン病についていろいろ知っていちばん思ったのは、もう二度とこんな差別を起こさないようにしてほしいということ、そのために、みんながこんな差別があったことを知ることだと思う。

その後、「戦前の歴史」を発表した広幅用紙を見ながら

監禁と重監房はこの年表のどれをさすわけですか。

「懲戒検束」

そういうことが、戦後も続いたわけです。
では、戦後のらい予防法成立以前について発表してもらいましょう。

生徒発表

【厚生省の方針】
【厚生省による患者収容】

戦後は戦前と比べてどうなったと言うことですか。
強制隔離政策は行われたということですか？

「そうです。」

戦後は、隔離政策はきびしくなったの？それともやさしくなったの？

「やさしくなった。」

やさしくなったの？入所者の割合はどうなっている？

(2) 語り継いでいきたい

・ハンセン病元患者の人たちは社会からハンセン病は伝染病と誤解され、ひどい差別と偏見におかれてきた。職を失う人もいれば、子どもを産み育てる権利をうばわれた人。人間としての可能性を損なわれた人などが多くいたなんてすごくかわいそうだと思う。これから先もハンセン病の元患者たちは、社会からのはげしい差別と偏見に耐えていかなきゃいけないのだろうか。そうならないためにもみんながハンセン病についてしっかりと理解し、私たちの次の世代にも語り継いでいかなければならないと思う。

(3) 差別のない社会を

・「もう私たちだけで十分」とか「やっと人間になれた」という言葉に僕は強い衝撃をうけ、日本はとんでもないことをしてきた。ハ

「昭和二五年は七五%。昭和三〇年は九一%」

つまりどういうこと?

「隔離政策はきびしくなった。」

だよね。厚生省は三〇年計画でらい病を根絶しようとしているわけだから、政策自体は戦後も変わらなかったということですよ。次にらい予防法について説明してもらいます。

生徒発表

【らい予防法についての説明発表】

結局、強制隔離政策を生み出したのがこの「らい予防法」ですよね。入所は、勧奨なんですか。強制なんですか。

「建て前では勧奨、それから入所命令、そして即時強制となります。」
「最終的には強制ということになります。」

なるほど。それでは次に**【らい予防法以後について】**の発表をお願いします。

ンセン病元患者の何千人、何万人もの人生の可能性をだいなしにしてきた。元患者にしてみればやりきれない思いでいっぱいだったのだろう。もうこんなことが二度と起こることのないように僕たちがすばらしい社会をつくるように努力しようと思った。

・国の政策によって自分たちの人権をいきなり絶たれてしまったハンセン病患者のことを思うと、とても胸が痛くなる。政府もこのようなあやまちを二度と繰り返してほしくないし、そのためにも僕たちが今のうちにたくさん勉強して、再びこのような悲劇を生み出さないようにしていきたいと思う。ハンセン病元患者や障害を持った人々にも差別がなく、明るく平和に生きていける最高な社会にしていきたいと思う。

（4）国の責任を考える。

・なによりも元患者を見てみぬふ

ワークシートでまとめる（第七次）

①ハンセン病判決とは、どのような内容を持つものであったのかを、これまでの調べ学習での発表、ビデオの映像、ワークシートを通して理解させる。
②ハンセン病判決で、裁判官が最も言いたかったのはどんなことだったのかを考え、発表する。

ワークシートを使って判決文にみられる基本的人権の基礎的知識をつかみ、さらに裁判官が判決文の持つ重みを法的に説明した憲法一三条の人格権について「社会の中で平穏に生活する権利」など誰にでもわかる言葉で出された部分を、子どもたちとともに話し合っていった。ワークシートのAやFなどの部分に適切な語句を各班で検討し紙に書き、代表が前に出て発表した。

①（A）の部分
1班「社会の中で学び生活すること」
3班「みんなとしゃべること」
5班「社会の中で平穏に生活する権利」
「（1班）僕たちは、社会の中で学び生活することは生きていくうちで最も重要な事の一つであり、これを抑制することは日本国憲法の基本的人権の尊重に反することであると考えました。」

ハンセン病元患者とどうつながるの？

りをして、差別していた、社会全体がどうかしていると思いました。「私には、全く関係ない。」「隔離すべきだ」そんなことを平気で言える人たち。私はこの人たちが信じられません。プロミンだって開発されていたのにもかかわらず、「ただ隔離」一度しかない人生の多くの機会と多くの経験を損なった国の罪は、差別は、きっとお金なんかじゃ片づかないと思った。このままお金を渡して、「はい、おしまい」で本当に国はいいんだろうか。

（5）国を評価する。

ハンセン病患者はプロミンによって治ると分かり、昭和三五年には、WHOが隔離政策を廃止するように言っていたにもかかわらず、隔離されていた。退所できないから隔離を続けると療養所の園長は言っていた。でも、社会の差別・偏見のこと、職を失ってしまったことを考えれば、退所するこ

「ハンセン病学習で学んだように、社会の中で生活できないことは、人間の自由を奪い人生をだいなしにしてしまうことです。」

どういうこと？

「強制収容したことは生活をしばり、差別や偏見をされることは人権を奪い、つぶされる、耐えられない事だから、僕たちはこの社会の中で学び生活することだと考えました。」

なるほど、すばらしい。
よく学習したことをつなげて考えましたね。5班は？

「判決文をよく見ると、元患者の人たちが裁判の中で『社会の中で平穏に生活する権利』を要求しています。だから、これではないかと思いました。」
「判決文にあったたっけ？」
「たしかにあった。○○ページだよ。」

じゃあ、3班の人、お願いします。

「みんなとしゃべることというのは、社会のいろいろな人とかかわりを持つということで、人が人として生存する上で人との関わりを持つことはぜったいに必要なことだと思ったからです。」

おしゃべりができないということは、そんなにつらい？

となどできるはずがないと思う。中には優生手術を受けた人もいるそうだ。これを聞いてとても驚いた。子どもをつくれないのは何よりもつらいのではないだろうかと思う。ビデオを見て、監禁するところもあった。無断外出をして罰するところだそうだ。隔離の厳しさを考えると逃げ出したくなるのは当然だと思う。国がこの判決を認めてくれてとても良かったと思う。

(6) 周囲の対応を考える。

・私は一年ほど前までハンセン病という病気を知りませんでした。だから、母の看護辞典を見て、病状や治療法などを知ったのですが、今回の学習で社会的差別・偏見があったのを初めて知りました。人が人として扱われない。明らかに人権無視だと思います。新らい予防法をつくるきっかけになった三園長の発言は最低です。ハンセン病の人達は罪人ではなく、

「つらい、つらい。だって人としゃべれないなんて、考えられない。」

みんなはどれが適切だと思いますか。

5班の方に手を挙げる人が多かった。

正解は、実は「人と接しコミュニケートすること」です。
どうですか、どの意見がもっとも近いかな。

「3班の『みんなとしゃべること』」

そうですね。いじめのシカトなんか、この権利を奪っているわけですよ。

②（F）の部分
4班「らい予防法」
6班「社会の差別偏見」
「（4班）私たちは〝らい予防法〟という法律が退所を妨げるものだったので、『らい予防法』にしました。」

なるほど。らい予防法がたしかに退所を妨げるものだったよね。

「でも、それっておかしい。」

患者なのにどうしてそんな扱いをしようというのか。私にはわかりません。けど、みんながみんならい予防法などに対して賛成意見ではなく、おかしいなって思う人がいて良かったと思います。ただ、そう思う人がもっといたら、ハンセン病元患者はこんなに苦しまなくて良かったのじゃないのかと思いました。

(7) 障害者やいじめと重ねて

・最初僕はこの病気の問題について何も知らず、何も知ろうと思わなかった。ニュースは見ていたが、何で病気で裁判を起こしているのか、理由が全く分からなかったからだ。しかし、授業でこの病気のことを取り入れてくれたため、少しずつだけど理解していくことができた。強制隔離、差別、法改正の遅さ、こんなに深いものだとは思っていなかった。特にビデオで見た「病気より差別のほうが辛かった」という言葉に強く心どういうこと?

「らい予防法というのは法的制約に入るんじゃないんですか。」

どうですか、4班の人?

「・・・」

ということは、別のものになりそうですね。では、「社会的差別・偏見」の6班に発表してもらいましょう。

「その後の『退所の制限が緩やかになったのは昭和五〇年以降では後者の要因が中心』というのがあって、たしか、退所の自由は認められるようになっていくんだけど、社会的差別偏見が強かったから、なかなか退所ができなかったというのが判決文にありました。」

そうでしたね。どうですか、みなさん。

(生徒うなずく)

正解は、「社会的差別・偏見」です。では、Gに入る語句はどうなんでしょうか。6班に発表してもらいましょう。

「(6班)Gは『非人道的取り扱い』だと思います。なぜなら、療養所に入所している元患者

をうたれた。これはハンセン病だけに言えることだろうか?今の世の中を表しているようにも聞こえた。障害を持った人たちとハンセン病だった人たち。重なって思えた。ハンセン病訴訟は終わった。しかし、国、もちろん自分たちはまだ考えなくてはならないことはまだたくさんあると思う。二度とこのあやまちを繰り返さないように。

「人間のあやまち」というと、わたしは戦争、環境破壊の二つしか今まで頭になかったが、ハンセン病を学習し、ここに差別を加えることになった。強制収容を続けるなんてひどい。人の心を持っていたのかとさえも思う。もしもわたしが数十年前に生まれていてハンセン病にかかっていたらと思うと耐えきれなかっただろう。耐えて耐えぬいてきた元患者さんたちはたまらなかっただろうと思う。すごいと思う。このことを過去のこととしたら戦争と同じでわたし

に対して夫婦になるために、堕胎などの優生手術を行ったことは、ハンセン病元患者を人間として見ていないからです。」

生徒の感想を読んで

　感想文（下段参照）をみると、判決文の内容をよく理解し、ハンセン病問題に対して、情緒的にとらえるだけでなく、元患者の受けた社会的差別や偏見、強制隔離政策で受けた被害を受けとめ、社会をどうしていくべきかという点にまで考察を深めている。

　ハンセン病問題を他人事ではなく、自分自身の課題として受けとめたということであろう。さらに、「このような病気や障害を持った人々にも差別がなく、そのような人々も明るく平和に生きていける最高な社会にしていきたいと思う。」と書いた生徒は、障害者問題にまで重ねていた。「このこと（ハンセン病問題）を過去のこととしたら戦争と同じにわたしたちはまた繰り返してしまうだろう。…いじめがその代表なのかもしれない」といじめの問題にまでつなげて考えた子どももいた。ハンセン病問題を通して、広く社会全体の課題としてとらえた例であろう。

　一連の実践を総括してみると、ハンセン病訴訟判決文を活用した授業実践は、一般的な新聞記事やビデオを使用しただけの授業と比べると、明らかに内容の深い授業の取り組みになったといえるであろう。それは、子どもたちの感想や授業記録、発表のために使用した広幅用紙のまとめをみても首肯することができよう。判決文に記載されている体験談の証言は、事実の羅列にも関わらず、子どもたちは「心の痛み」として共有することができるものであった。たしかに、ハンセン病訴訟判決文の内容は、子どもたちにとって難解で重いものである。しかし、感想文を分析すると、調べ学習と発表学習、ビデオ視聴などを通して、この判決文の要点を子どもたちは認識することができた。

　授業の目的は、判決文を活用し、新聞記事やビデオを利用しながら、元患者の心の痛みを共有する授業を行っていくことであった。授業記録を見れば分かるように、新聞記事やビデ

たちはまた繰り返してしまうだろう。いやもしかしたらすでに繰り返しているのかもしれない。いじめがその代表なのかもしれない。消さなくちゃと思う。差別を。難しいけどやらなきゃいけないことだと思う。

オで子どもたちの興味関心を高めながら、判決文掲載の元患者の体験談を読んでいった。体験談は、一般的な手記や証言のように情緒的に描かれていない。裁判の判決文ゆえに、事実を淡々と記録してあるだけであるが、読む者の心を揺り動かすほどの深刻な人権侵害の事実が書かれている。一つ一つ読んでいく中で、子どもたちは「そんなことがあったなんて…」と驚きの声をあげていく。証言を読み合わせ分析していく中で、子どもたちとともに「心の痛み」として共有していくのである。授業後の感想文を読めば分かるように、判決文の証言がいかに子どもたちの心に届いたかが分かると思う。ほとんどの感想文が、差別と偏見に苦しんできた元患者に寄り添いながら、「悲しい」「つらい」「ショックだった」「たえきれない」「差別が残っているのが恥ずかしい」「裁判に勝って良かった」などであった。

ワークシートの授業では、子どもたちは班ごとに討論し、考察していた。前時までの話し合いを通して、判決文の学習で法的な見方や考え方を共有できるのではないかと考えたのである。また、前時までの調べ学習と発表学習が訴訟判決文に記された基本的人権についての判断と結びついたときに、真に憲法のいう人権がどういうものかを認識することが可能となる。

教師は、子どもたちのさまざまな考えを尊重しつつも、これまでの学習に沿って、その考えが判決文に適しているかを子どもたちとともに考察していった。

判決文を学習する中で法的見方や考え方を共有することができたのかどうかについては、感想文を分析しても「裁判官が訴えたかったこと」という学習課題で授業を組んだが、裁判官が使用した「平穏に生きる権利」とか、「人と接しコミュニケートする権利」という語句を感想文に活用する子どもたちはクラスによって差が大きかった。最後のまとめのビデオ視聴の時に、教師側がどのような対応をとるかで違いがでる。ビデオ視聴の際に、黒板に構造化したクラスでは感想文に判決文の語句を使用する割合が高かった。法的な見方考え方を共有していくためには、ワークシートをはじめ教材の工夫が大切であろう。

学習を終えて今後の日本社会をどのような社会にしていくかという視点で感想を書き、考えをめぐらす子どもたちは多かった。「かわいそうだ」という感想を乗りこえ、情緒的感想から一歩踏み越えて、社会的差別や偏見を解消し、自分自身の問題として今後の社会形成を図ろうとする子どもたちの主体的な考察があったと考えられる。

まとめ

戦後、「基本的人権の尊重」は、日本国憲法の柱の一つであり、教育基本法でも「個人の尊厳を重んじ、真理と平和を希求する人間の育成」として定義づけられている。

平成一四年度から本格的に実施される文部省告示の「中学校学習指導要領」（平成一〇年）第一章総則では、道徳教育の一般方針として、「人間尊重の精神と生命に対する畏敬の念」と記述されている。

「基本的人権の尊重」は日本社会の価値体系の基盤であり、学校教育においてそれを教える教科が社会科である。「中学校学習指導要領」における社会科の目標では、「公民としての基礎的教養を培い、国際社会に生きる民主的、平和的な国家・社会の形成者として必要な公民的資質の基礎を養う」と記載されている。また、公民的分野の目標（1）にある「基本的人権の尊重」について、「個人の尊厳と人権の尊重の意義、特に自由・権利と責任・義務の関係を広い視野から正しく認識させ、民主主義に関する理解を深めるとともに国民主権を担う公民として必要な基礎的教養を培う」と具体的に述べられている。

「社会の中で平穏に生活する権利」を奪われてきたハンセン病元患者に対する深刻な人権侵害の状況を学び、社会に残る差別・偏見を解消することを目指したハンセン病問題を取り上げた本格的な実践はこれからである。判決文を活用した授業に取り組むことで、深刻な人権侵害を受けてきた元患者の人たちの教育に対する願いを子どもたちに伝えていきたいものである。

ハンセン病問題は昨年の一連の判決をめぐる流れで解決したと見なして一過性なものとしてとらえるのではなく、今後、学校教育において何回も取り組まなければならない課題である。

（新福悦郎）

④短歌にみるハンセン病の歴史

▼**あはれみて吾を泊めたる親が子と諍（いさか）ふを聞きて一夜やどりき**（野添美登志・アララギ・巻三昭和九年～一一年）話し声を聴きながら辛い思いで一夜を過ごしたのであろう。戦前の歌である。やがて根こそぎの強制的な収容「無らい県運動」がはじまる。

▼**無癩県運動と言ふが起りて追はれ来し人の言葉をききぬ術なく**（大竹島緒・一路・巻五　昭和一五～一六年）

▼**癩院へ旅立つ父と知らなくに常日のごとく吾子は遊べる**（沖島紅南・日本短歌・巻五）

▼**恋し合ふ二人なれども病名を告げ得ず吾は癩院に入る**（南野潔・アララギ・巻一一　昭和三〇～三一年）そこには、戦前も、戦後も、変わらぬ無数の別れがあったのである。

▼**癩の身を永久に秘すべく分籍の手続きとりて今宵やすらぐ**（芝山輝夫・アララギ・巻十　昭和二七～二九年）むろん、真のやすらぎではなかったろう。療養所でも辛い決断を迫られる。

▼**子をおろしし妻の哀へ目にみつつなほしも我は断種ためらふ**（伊藤保・白き槍の山・巻九　昭和二五～二六年）

▼**をみな吾が面崩れし悲しみは言い現わさむことば世にあらず**（津田治子・津田治子歌集・巻一二）　病に苦しみ、容貌の変化に苦しみ、避ける人々の中で心を痛めていくのである。

▼**われを待つ妻と子あればひたぶるに病む身励ましプロミンを射つ**（松永稔・アララギ・巻一一）　特効薬プロミンの登場は、ハンセン病は治る病気にならしめた。

▼**彫りものの如くに癒えぬ創《きず》をもてど吾の無菌を父はよろこぶ**（伊藤輝文・アララギ・巻一四　昭和三九～四二年）。治ることは入所者にとっての誇りでもあった。平成八年、らい予防法が廃止された。

▼**予防法廃止となりて偽名捨て本名なのる友ら幾人《いくたり》**（矢島忠・『藤楓文芸』・平成一〇年）

▼**快癒して退園せぬを不思議がる人へ言い訳すれば空しき**（桜井学・藤楓文芸・平成一三年）偏見は残り、入所者は身体には障害を残している。

▼**韓国にともに帰らむと兄言へど癩病む吾は遂にもだしぬ**（金夏日・盲導鈴・巻一二　昭和三二～三四年）日本で入所し、戦後、母国に帰ろうとした人のいたことも、忘れてはならない。

『藤楓文芸』は入所者の作品を集めて毎年刊行されている。（）内は、作者名・出典・『昭和万葉集』（講談社一九八〇年）の巻数と該当年である。

（梅野正信）

授業実践②

調べ学習で子ども自ら追求する

（中学校）

授業のねらい

「ハンセン病訴訟の判決文を生徒に読ませたい」それが、この授業の一番のねらいである。人権を学ぶためのハンセン病訴訟、司法・立法・行政の三権を学ぶためのハンセン病訴訟ではなく、「ハンセン病訴訟判決文」そのものが大切だと思ったからである。この判決文はかなりの長文である。結構難解な部分もあるが、全体的には、原告であるハンセン病元患者たちが「らい予防法」という法律にもとづく強制隔離政策とそれに影響された社会の偏見と差別にいかに苦しめられてきたかが、客観的かつ人間味あふれるタッチで書かれてある。そして、そこに書かれてある過酷な人権侵害は、「遠い昔のこと」でも「地球の裏側のこと」でもなく、この日本で、「基本的人権の尊重」を原則に掲げる戦後社会で、継続して行われてきたというところが重要である。

長大な判決文を授業化することにはいくつかの危惧があった。まず不安に思ったことは①「資料として判決文が長く難しすぎる」と②「膨大な分量をどう生徒に伝えたらよいか」である。①は、梅野さんが判決文をコンパクトに要約してくれたことで解決の方向に向かった。②は、「生徒自身に資料を読み込んでもらい、それを発表し、相互に検討してもらう」という授業形態で問題点は補えると考えた。授業時間の確保は、担任たちと相談して「教科・道徳・特別活動」にまたがる「人権を学ぶ総合学習」と位置づけることで何とかなった。

一番心配したのは、資料や時間のことよりも「生徒の関心が長時間持続するかどうか」ということであった。「貴重な学びの時間」が「退屈な苦痛の時間」になってしまわないかということである。その不安は、「ハンセン病を知っている人、手を挙げて」という問いかけに七、八人ほどが手を挙げ、あとの生徒は虚ろな表情を浮かべていた第一時間目の導入の場面で、一気に増大したと言える。「生徒の興味・関心に基づき計画される授業」でなく「教師が必要と思って計画される授業」がどこまで生徒をひきつけることができるか、教師にとって力量を問われる部分ではないかとも思われた。

授業計画

時	学習テーマ	学習活動
1	ハンセン訴訟って何	・「ハンセン病訴訟」について知っていることをあげてもらう。 ・ニュースビデオでおおまかな流れをつかむ。 ・原告達の証言を読み合わせる。・もっと調べてみたいことをワークシートに記入する。
2～5	テーマごとに調べよう	・次のテーマについて調べる。 「原告が訴えたこと」 「ハンセン病とは」 「強制隔離政策とは」 「療養所内生活について」 「社会における偏見と差別について」
6～9	テーマごとに発表をしよう	・各テーマごとに発表をし、相互に質疑応答をすることにより認識を深めていく。 ・テーマごとに作られたワークシートにより、事実と知識を確認していく。
10	ハンセン病訴訟の学習から	・ビデオを視聴する。 ・まとめのワークシートを記入し、訴訟や判決の意義を確認する。 ・まとめの感想文を書く。

授業展開

導入（第一次）

①「ハンセン病訴訟」について知っていることを出し合い、ビデオで訴訟の簡単な経過について理解させる。
②ハンセン病訴訟判決文の中の原告の証言を読むことにより、原告達の受けた差別・偏見について共感させる。

ハンセン病という言葉を最近聞いたことがある人は手を挙げてください。

七人ほどがパラパラと手を挙げる。

どんなことを知っていますか？

「裁判をやってました。」

「病気でみんなと離れさせられていたとか。」

「小泉さんが何か言っていた。」

「うつらない病気なのに強制的に隔離させられていた人たちが裁判に訴えて、その要求が認められました。」

そうですね。その「ハンセン病訴訟」のことについて今から勉強しようと思います。

上甑中学校　生徒数：1年（18名）2年（16名）3年（18名）
授業者：山元研二
2001年10月15日～11月16日

一同ポカンとした表情であった。「そうか、よくわからないけどハンセン病訴訟の勉強が今から始まるのか」そんな雰囲気のスタートであった。

それでは、まずその「ハンセン病訴訟」のニュースをいくつか見てみましょう。

ニュースのビデオを視聴する。「菅直人だ」「小泉さんだ」という声があがる。が、「強制隔離」「らい予防法」などの言葉が理解できないためか表情はなお虚ろである。

また、ピンと来ないと思いますが、それでいいと思います。少しずつわかっていくと思います。

原告の証言を生徒に配布する。

裁判を起こしたハンセン病の元患者の人たちの証言です。まずは読んでみましょう。

教師が三人分の証言を、次に生徒が三人分を読んでいく。厳しい現実が綴られているため、教室内に張りつめた雰囲気が漂う。

それぞれの班に証言の内容を読んでまとめてもらい、あとで発表してもらいます。

生徒が記入した文章より

（Iさんの場合）
ハンセン病にかかり医師から療養所に行くように言われて入り、Iさんには一人息子が

〈授業後の生徒の感想〉

・私は今回初めてハンセン病についての実情を知りました。世界の各国が早くかららい予防法を廃止していたのに、なぜ日本だけはらい予防法を廃止しなかったのか。日本の代表の人たちは何と向き合ってきたのか。子どもでもわかるような間違いになぜもっと早く気づかなかったのか。不思議でなりません。「ハンセン病が治る」とわかった時点で国民に知らせるべきだったんだ。一番ひどいのは、赤ちゃんを産めないことだと思う。「結婚してからの楽しみや生き甲斐は子どもの成長を見守ることだ」と私の母は教えてくれました。生き甲斐のもととなる子どもを奪われたら、人はどうやって生きていくんだろう。毎日がきっと悲しみだったと思う。楽しい日がなかったと思う。今頃廃止になっても遅いのです。隔離や偏見・差別によって多くの人が死にまし

いて息子と生き別れて悲しみ、食事もできず危篤状態になった。Ｉさんが買い物の代金を支払おうとすると代金をはさみで受け取られたりしていた。「ただひっそり死にたいと言っている。」

（Ｄさんの場合）
「ハンセン病だ」という噂が流れ、村八分のようになり家族も離れていった。

（Ｎさんの場合）
ハンセン病の自覚はなかったが、小学校６年生の時に学校の健康診断で異変が見つかり、昭和二七年五月一日、一一歳の時に療養所に入所した。

証言を読んで許せないと思った所があれば発表してください。

「買い物をした時にはさみで代金を受け取ったところ。」
「母親が死んだことを初七日が済んだ後知らせを受けたこと。」
「家族が本人に内緒で引っ越したこと。」
「母から父の葬式に参列しないように言われたこと。」
「本人に知らせずに療養所に入れたこと。」

「原告の証言」を読んだ後、生徒たちの目の色が変わる。次から次に、差別への怒りを発表していく。「ハンセン病訴訟というのは何かとんでもないことを扱った内容だ」そう

た。新しい民主主義社会が多くの人を助けていけるようにものになればいいと願っています。

私は、「強制隔離政策」の中の園長の発言というのを調べました。調べ不足だったけど、強制隔離によって多くの人がつらい思いをしたことがわかりました。他の班の発表を聞いて知らない言葉もあったりしたけど、らい予防法のことなどがどういうものだったのかなどがわかり、国はハンセン病患者にもっと早く謝罪すべきだったと思いました。ハンセン病は、感染することはほとんどないとわかっていながららい予防法の廃止をしなかったことは疑問に思います。ビデオにも出てきた園内の人々の話を聞いて、ハンセン病の人への差別が大きかったこと、子どもを産むことなども許されなかったという現実は、この人たちにとってとてもつらいことだったと思います。一人の人間なのに、一人の人間として見てもらえなかっ

いう感覚を持ったようである。

もっと知りたい・もっと調べてみたいと思ったことを教えて下さい。

記入した後で発表してもらう。「患者と家族の関係」「療養所での様子」「国や県の言い分」「病気の内容・程度」「治療法」「患者の数」「隔離の歴史」など。

調べ学習（第二次から第五次）

①生徒自身に調べさせることにより、訴訟内容を具体的に理解させる。
②テーマの内容をまとめていき、判決文の中身を生徒自身の言葉で表現させる。

前時の学習をまとめた紙を配布した。そこには「ハンセン病・ハンセン病訴訟について知っていること」「証言の要約」「証言を読んで許せない、腹が立ったと思ったこと」「調べてみたいと思ったこと」の項目に沿って、生徒のコメントがぎっしりと書かれてあった。かねての授業以上に「毎時の積み重ねを大切に」「常に事実の確認と復習を」という思いから作成したのだが、生徒たちは真剣にその文章を見つめていた。

いよいよ「調べ学習」に入るのですが、みなさんの「調べてみたいこと」を参考にしながら次の五つのテーマに分かれて調べてもらうことにしました。

黒板に五つのテーマを書き出す。
①原告の訴え

たというのは、何ともいえない苦しみだったと思います。国は、もっと早くらい予防廃止に取り組んでもらいたかったと私は思います。ハンセン病だという理由で差別を受けた人々の傷は消えることがないと思います。私は、このような現実があったことを頭の中に残しておこうと思います。

・今まで、ハンセン病のことをいろいろ勉強してきて、私が思ったことは、なぜハンセン病の患者が結婚することは許せるけど、子どもが出来なくなる体にするのかということです。さっき見たビデオでもでてきたけど、これほど残酷なことはないと思う。すごくかわいそうだった。あと私は発表の時に「療養所の生活」についてみんなといろいろ読んで調べた。先生からもらったプリントには、私の想像以上にすごいこと、残酷なこと、かわいそうなことがたくさん書いてあった。私は、それを読んでいてすごくせつなくなった。私

②ハンセン病とは
③強制隔離政策とは
④療養所の生活
⑤社会における偏見と差別

「どれを調べたいか」を聞いたところ、圧倒的に「ハンセン病とは」が多かった。判決文の分量を考えて「強制隔離政策とは」を二グループにわけて担当してもらった。

まず、テーマ毎に区切った判決文を配り「内容を読み解く」ところからスタートした。国語辞典、漢和辞典、百科事典との格闘である。生徒たちは「調べる」という作業は苦にしないが用語そのものの難解さに苦しんでいる。「咽頭狭窄（いんとうきょうさ）」「皮疹（ひしん）」「垂手（すいしゅ）」などの医学用語に悪戦苦闘していた。助けを求められることも多く、教師自身も相当勉強を強いられることになる。二時間目から手持ちの文献や写真集、新聞記事なども教室に持ち込むことにした。人物の紹介や療養所の位置の確認、数字を表やグラフで確認する作業などに効果的であったように思う。また、辞書との格闘に疲れた生徒が元患者たちの写真集を目にすることにより、気持ちを新たにして頑張るといった光景も見られた。三時間目からはまとめに入り、広幅用紙に「大切なところ」を書き出していく。「どこが大切か」の議論が白熱しているグループもある。「どの事例がみんなに伝わりやすいか」で悩む生徒もいる。どれも大切な学習である。結局、調べ学習は四時間かかった。まとめた広幅用紙は多いグループで四枚。少ないグループで二枚。「わかりやすく書かれてあるか」という点で疑問は残るが、調べた生徒たちの熱意がよく伝わる内容になっていた。

発表（第一次）

はいつか元ハンセン病患者の方に会っていろんな話をして、自由の力で笑わせてあげたい。笑顔を見たい。今まで生きてきて良かったと思ってもらいたいと思った。

私は、社会でハンセン病の勉強をするまでハンセン病について何も知りませんでした。でも、ハンセン病について知ることができ本当に良かったと思います。ハンセン病患者に国がこんなにひどいことをしてきたなんて知らなかった自分がすごく恥ずかしく思えました。差別や偏見を受け、人間としての生き方も認められない人々のことを知らずに今まで過ごしてきたなんて。私は、もしこの時間がなければ多分ハンセン病患者のことを差別していたかもしれないと思います。でも、病気になっただけの人を、厳しく罰したり、子どもを産めなくさせるなんてひどすぎると思えるようになったのは、この時間があったからで、まだ知らない人もいると思います。まだ一時間で二グループずつやります。発表以外の人たちは話を聞きながら質問することを質問票にまとめていって下さい。先生もいろいろ突っ込むので覚悟していて下さい。

生徒は緊張していた。発表前に胸を押さえて心を落ち着かせる生徒や発表原稿から目を離さず、小さな声でリハーサルを繰り返す生徒も見られた。まずは「原告の訴え」のグループが、原告たちがどこを相手に何を訴えたのかを発表した。生徒の質問は「国家賠償法」「共同不法行為」「烙印付け」などの語彙に関することが多く出され、テキパキとは言えないが、それなりの返答をしていた。

訴えられているのは厚生大臣と国会議員のようですが、どの時点での厚生大臣と国会議員ですか?

「強制隔離を始めた厚生大臣と国会議員」

それだけ?

(グループ以外の生徒にも問いかける)
「菅直人さんも謝ってたから。」
「あの人はやめさせた人だから違う。」
(しばらくの沈黙の後、ひとりの生徒が答える)
「ずっとじゃない?」

ずっとってどういうこと?

知らない人たちも知り、たくさんの人々とハンセン病患者との壁をなくすことは、まだしばらくかかると思います。どうして、もっと早くにハンセン病患者の苦しみや悲しみに国は気づかなかったのか不思議でなりません。もちろん、「らい予防法」を作った人も悪いけど、それを止めなかった人もみんな悪いと思います。ハンセン病患者の受けた心の傷は多分治らないと思います。でも、これからは差別や偏見のない国に政府は取り組んでいくべきだと思います。私は、この授業を通してすごく大事なことを学べた気がします。だから、この学んだことを、これからの未来に伝えていけたらいいなと思います。そして、差別や偏見のない世界に一日でも早く近づけたらいいです。

・本当にいい勉強になりました。このままずっとハンセン病のことを知らないままだったら、きっと私も差別をしていたと思います。

「らい予防法を作った時から廃止した時までの間の厚生大臣と国会議員みんな。」

そうだね。法律が作られてから廃止されるまでのすべての厚生大臣と国会議員が訴えられています。でも、どうして作られた時からあとの人たちまで訴えられるの？

「廃止しなかったから。」
「おかしいことに気がつかなかったから。」

「訴えた方」「訴えられた方」「訴えた内容」の確認から入った。ここを整理すると生徒たちも結構頭がすっきりすると思ったからである。次は調べるのに最も苦闘していた「ハンセン病とは」のグループ。最初にハンセン病の型についての図を説明したあと、治療法について時間をかけて説明していく。生徒の質問は、「兎眼（とがん）」「垂手（すいしゅ）」などの語彙に関するものに集中される。苦労しただけに返答も自信を持っている。以下は教師とのやりとりである。

グループ以外の皆さんに聞きます。ハンセン病は、治る病気ですか？

（全員が）「治る」

じゃあ、どの時点で治る病気になったと言えますか？

貼られた広幅用紙を隅から隅まで食い入るように見つめている。

本当に知って良かったなあと思うことばかりでした。その中でも、特に心に残ったのが強制隔離のことです。ハンセン病は感染力の弱い病気だとわかっているのに、強制隔離をやめなかった国は本当にいけないと思います。もし、私がハンセン病患者で、テレビに出ていた方々と同じようなことをされていたらと考えると、本当に嫌な気持ちになります。人間らしい生活が全くできないというのは、考えただけでも嫌になります。それを、ハンセン病元患者の方々はされていたのだから、かわいそうという一言では言えないくらいです。世界中のすべての人々が、ハンセン病についてよく理解して、ハンセン病元患者の方々が社会に出て仕事ができるようになれば一番いいと思います。

・ハンセン病という言葉やらい予防法などという言葉はニュースで一、二回聞いたことがあるかどうかという感じだった。なので、ど

「プロミン、プロミン」（ある生徒の声に大半の生徒がうなずく）

> それは、何年のこと？

「昭和一八年」（ここでグループの生徒に聞く）

> 日本で使用され始めたのはいつ？

「えーと、昭和二二年です。」

ここでらい予防法制定の年が昭和二八年であったことを再度確認しておく。「あまりにも重要な、そして不可解な数字のずれ」だからである。

発表（第二次）

（「強制隔離政策」の二つのグループ）

前半のメンバーは、「昭和二八年のらい予防法以前の隔離の歴史」と昭和二六年に参議院厚生委員会「らい小委員会」で行われた療養所所長たちに対する意見聴取について発表した。

> 園長発言で気になった部分はどこですか。

「完全収容させろとか特別な法律を作れと言っているところ。」
「手錠でもはめて、強制的に入れればいいと言っているところ。」
「患者は古畳をたたくようなもので、叩けば叩くほど出て来るって言っていた。」

ういう意味かということがわかって良かった。日本では、つい最近までこんなひどいことをしていたんだと思い、悪いことだと思った。発表の時は、今まで聞いたことがあっても、知らない言葉などの意味が知れて良かった。この問題では国も悪いけど「ハンセン病はものすごく悪い病気だ」「ハンセン病の人は隔離すべきだ」と思っていた周囲の人も悪いと思った。三つの園の園長は治る病気なのに、うつりにくい病気なのに、どうして絶対隔離にこだわったのかと思った。もうこんなことがおこらないといい。差別・偏見はいけないとそう強く感じた。

・ハンセン病について、今まで調べてきてわかった事はハンセン病の患者の人たちは本当につらい思いをしてきたんだなあということです。強制的に療養所に入所させられて周りの人から差別されたというのはすごく辛いことだと思います。それに被害者の証言で家族園長の発言が重要だと思ったのはなぜですか？

「一番身近にいて、患者さんたちの事を考えてあげなければいけない人がこういう発言をしたのでは患者さん達は救われないと思ったから。」

「国会議員は、専門家の考えに弱いはずなので発言の意味は大きかったと思った。」

専門家による決定的な発言こそが隔離へのブレーキとなるはずなのに、ここでは「隔離強化」の発言のみしか聞こえてこない。薬害エイズの問題にしても同じだと思うが、専門的知見を持つものの責任は実に大きいものがあるということではないだろうか。発表の生徒がアンダーラインを引いていた広幅用紙の「時代錯誤の意見」という文字が強く印象に残った。もう一方のグループは、「らい予防法」の抜粋要約と「強制隔離政策についての裁判所の判断」を発表した。「患者や患者の持ち物の消毒」「外出の制限」「拘留の条件」などが法律の文章をもとに報告され、「強制隔離政策」がもたらした偏見・差別の重大性を指摘した裁判所の判断も紹介された。生徒の質問は「拘留」「科料」などの意味を問うものが多かった。

国は「物理的強制入所はなかった。」と言っていたはずですが・・・

「実際は入所命令・直接強制を受ける可能性があり、患者に入所を拒む自由はない。また、外出の制限があるので強制入所と変わらない」

同じく国は「昭和五〇年ころからは療養所を自由に退所することができた。」と言っていますが、そこはどうですか？

にも「帰って来るな」と言われたりしたのはすごく悲しかったと思います。それなのに「らい予防法」が廃止されたのは平成八年でそれまでずっとハンセン病の患者を強制隔離していたのはとてもいけない事だと思います。ハンセン病の患者の人が受けた心の傷はすごく大きいと思います。子どもを産めないように手術したり、差別されたり、ふつうに生活できずに療養所に入所させられたりしたのはとても辛く悲しかったと思います。ハンセン病が治る病気になって世界中が隔離をやめたのに日本は隔離を続けていたのはすごくいけないし、お金を払ったから許せるということじゃないと思います。なので、これからはこのようなことは絶対にあってはならない事だと思います。あとハンセン病患者の事を国にいてはならない存在みたいに言っていた事や「民族浄化」のために療養所にハンセン病患者のほとんどが入れられたというのはとてもひどいと思いまし

「厚生省は、法律が廃止されるまでに、だれでも退所できると公式に表明したことはなく、社会にも偏見・差別が残っており、それを取り除く措置をとらない限り社会復帰は難しかった。」

「法的にどうであったか」ということより「実態がどうであったか」に重みを置く裁判所の判断にもふれておく。

発表（第三次）

「療養所の生活」の発表である。結果として、生徒たちに最も強い印象を残した部分だったように思う。

発表は、「患者親善のとりやめ」「療養所内高校開校式参加の拒否」や「無断外出への処罰」など療養所内で起こった具体的な事件を例に療養所側の人権侵害を告発した後、「新聞記事野放しのライ患者」で新聞報道批判を行い、「強制隔離」に対し、国際的な批判が存在したことと「優生手術」「患者作業」などの実態を紹介した。

生徒の質問は「優生政策」の中身に集中した。グループのメンバーは、「断種」や「堕胎」の説明をし、それが合法的に行われていたことを紹介した。生徒たちの目は「優生政策について」と題してまとめられた広幅用紙に釘付けとなった。

「野放しのライ患者」の記事の何がおかしいの？

「だいたい野放しという表現がおかしい。何か犬みたい。」

「患者たちがとても危険なように書いてあって、読んだ人に差別や偏見を植え付けることになる。」

た。これからどんな事があっても強制隔離や差別などはあってはならない事だと思います。なので、これからそういう事がないようにしていきたいと思います。

鹿児島の星塚敬愛園で暮らす人の姿が出てきたけど、この人たちの姿をみると、国は本当に悪かったんだなあと思った。隔離され、世間から差別や偏見を受け、家族とも会えないなんてつらい事だろうなあと思った。しかも、岡山の療養所には監禁室があり、脱走したり園内のきまりをやぶると、そこに入れられ、光も少ししか入らない部屋で過ごすことは本当に耐え難いものだったと思う。その監禁室でなくなった人やその部屋を出た直後になくなったということを聞いて、絶対にしてはいけないことだと思った。入所者の方たちは家族や親戚の人たちに迷惑をかけないように療養所に入ったら、園名を使っていて本当にかわいそうだった。ハンセン病はそう簡単

「いつわれわれに感染するかも知れぬと内心おののいている」等の記事は差別の拡大につながったことは間違いない。またこの事実は、入所者たちへの差別は、政治、医療、福祉などとともにマスコミを含めた「構造的差別」であることをはっきり示すものである。

> 優生政策の「優生」ってどういう意味？

発表になかったので意地悪く聞いてみた。発表した生徒が自信なさそうに答える。辞書で調べさせると、次のような意味がでてきた。「悪い遺伝を避け、いい遺伝をたもって、子孫の素質をすぐれたものにすること。」

> 堕胎や優生手術をさせて療養所に閉じこめておくということはどういうこと？

「患者がいなくなるのを待っているみたい。」

「隔離プラス優生手術」は「絶滅をめざす」ことがはっきりと認識された。生徒がバラバラに調べてきたことがここでひとつの像を結んだように思えた場面であった。次に「社会における偏見と差別」の発表へとうつる。「通学拒否事件」「バスの運行拒否」「心中事件」などの具体的な事例の紹介が中心であった。生徒の質問は「園名」という言葉の意味を問うものであった。

> どうして本名でなく園名を名乗らなければならないの？

「家族や知り合いに迷惑がかかるから。」

に人にうつる病気じゃないのにまわりに誤解され家族に見放されるということはこの人たちにとって一番つらかったことだと思う。断種や堕胎は子どもが欲しい人たちにとって悲しかったことだっただろう。勝訴できて良かったと思う。

どんな迷惑がかかるの？

「差別や偏見の目で見られるから。」
「実際に原告たちの訴えの中にそういうのがいくつかあったもの。」

もし、みんなが入所者で、この強制隔離のおかしさがすべて理解できたとします。本名と園名のどちらを選びますか？

「本名を選ぶ」は一名だけ。
「園名を選ぶ」が残りの一七名。

おかしいと思っているのに、どうして園名を選ぶの？

「自分はおかしいとわかっていても、まわりはそうは思わない。」
「結局、家族に迷惑をかけることになる。」
「自分が我慢すればいい。」（一人が寂しく言った）

実に重苦しい場面であった。「らい予防法」が廃止され、「強制隔離政策」がなくなっても、社会に残る偏見と差別がなくならない限り、この「ハンセン病訴訟」は終わらない。そういうことだと思える。裁判所は社会から受けた差別・偏見による被害を「スティグマによる被害（烙印付け被害）」としたが、この部分は厚生大臣・国会議員のみならず、社会を構成する私たち自身の問題であることを確認した。最後に、私は生徒たちにこう言って授業をしめくくった。

ハンセン病訴訟の原告たちをこの社会はずっと苦しめてきました。しかし、その原告に謝罪し、原告の名誉が回復されたのもこの社会です。おかしな事はたくさんあるかもしれないけど「おかしいことはきっと正される」という社会に対する信頼感は失ってはいけないのではないかと思います。

この授業が単に「人権侵害の告発」を目的にしたものでなく、「ハンセン病元患者達の名誉回復」と「法治国家であるわが国の社会の復元力への信頼」を根底においたものにしたいという授業者の気持ちを伝えたいがための言葉であった。

まとめ

「閉じる時に開かれている。」ある研究会で私はこの授業をこう形容した。「何のことかよくわからない」とこぼしていた生徒たちが、一〇時間という時間をかけてこの訴訟の判決文の思いを受け止め、あるべき社会について思いをめぐらすことができたということである。

私はこの「ハンセン病訴訟の判決文」を読むこと自体に大きな意義があると考えている。この判決文には社会全体が「学問的共有財産」として学ぶべきことが数多く詰まっているからである。「偏見・差別」「厚生・医療のありかた」「立法・行政・司法のありかた」「教育の役割」「マスメディアのありかた」「リーダーのありかた」・・・近代社会を構成する様々な要素が、それぞれにからみあった形で判決文に登場してくる。そして、それらがあたかも「合法的であるかのように」元患者たちを苦しめてきたのである。

しかも、「らい予防法」が廃止されたのは、ほんの数年前のことである。私はおろか生徒達にとっても同時代のできごとなのである。

「そのことを知った衝撃とそこから生まれる教師としての使命感」私にとっては、それがこの授業実践に取り組むうえでの最大の原動力であったといえる。

授業をするうえで特に留意したことがあるとすれば「調べる時間を十分にとる」ということであった。「自分の力で調べたことは必ず身に付くし力となる」これは、最近「総合的な学習の時間」や「教科の時間」で特に実感していることである。したがって、消化不良になったり焦ったりしないように十分な時間を確保したつもりである。また、生徒の「調べ学習」の傍らには関連書物や新聞記事なども用意していた。「行き詰まった時に、角度を変えて考えてみる。」そういう「調べ方・考え方を学ぶ」部分もあっていいと思ったからである。

生徒たちは授業をしている三週間もの間、とにかくこの「ハンセン病訴訟」の問題についていろいろな事を考えていたようである。

各担任の話では「生活の記録」（日記）によくこの授業のことが書いてあったそうである。三年生のひとりは「家で話題にしたら、ハンセン病の方を見たことがあると、お父さんが言ってました」と教えてくれた。「遠い所の話」ではないことをこの生徒は知ることができたと思う。私のクラスの女子生徒は「先生、私、船の中でハンセン病の元患者の方を見ました。どんな風に見ていいのかわかりませんでした」と私に話しかけてきた。彼女は「どんな風に見ていいかわからない」という形で「迷う」ことが出来たんだと思うし、それも一歩前進だと思う。そういう生徒達がつかんだ問題意識は、きっと「社会の中で平穏に生活する権利」を支える方に作用すると信じている。

（山元研二）

⑤除斥期間とは何か？

　損害賠償請求権は不法行為の時から二〇年経過すると行使できない（民法七二四条後段）。熊本地裁は、「不法行為の時」という起算点を平成八年のらい予防法廃止の時と解した。

　元患者たちは、療養所入所時はもちろん、入所していない時も法律の存在によって「社会の中で平穏に生活する権利」が侵害されていた。違法行為は継続され、損害も累積されているからである。

　提訴時から二〇年以上前の行為を問題にしないという国の主張を退けた。

　ただ、二〇年の期間を除斥期間と解するには注意が必要である。

　二〇年の期間は、一定の時の経過によって法律関係を確定させるため請求権の存続期間を画一的に定めたものであり、損害賠償請求権は二〇年の除斥期間が経過した時点で法律上当然に消滅する。裁判所は、請求権が除斥期間の経過により消滅した旨の主張がなくても、期間の経過により請求権が消滅したものと判断すべきであり、したがって、信義則違反又は権利濫用の主張はできない（最判一九八九年一二月二一日）。

　この判例には学説の批判があり、予防接種ワクチン禍東京訴訟で河合伸一裁判官はこう述べた（最判一九九八年六月一二日）。

　「不法行為制度の究極の目的は損害の公平な分担を図ることにあり、公平が同制度の根本理念である。（略）損害賠償請求権の権利者が右規定の定める期間内に権利を行使しなかったが、その権利の不行使について義務者の側に責むべき事由があり、当該不法行為の内容や結果、双方の社会的・経済的地位や能力、その他当該事案における諸般の事実関係を併せ考慮すると、右期間経過を理由に損害賠償請求権を消滅せしめることが前記公平の理念に反すると認めるべき特段の事情があると判断される場合には、なお同請求権の行使を許すべきである。（略）期間経過の一事をもって直ちに権利者の権利行使を遮断するべきではなく、当該事案における諸事情を考究して具体的正義と公平にかなう解決を発見することに努めるべきなのであって、それについて民法一条の宣言する信義誠実ないし権利濫用禁止の法理に依拠するか、あるいは、前述の不法行為制度の目的ないし理念から出発するか」はいずれでもよい。


（采女博文）

⑥包括請求・一律請求・共通損害とは何か？

①包括請求について

包括的請求とは、物質的損害（たとえば、将来得られるはずであった収入を労働能力の喪失により失ったこと）と精神的損害（内心の痛みを与えられたことへの償いとしての慰謝料）とを包括して請求するものである。慰謝料額は、社会通念により相当として容認され得る範囲を超えない限り、裁判官の裁量による（長崎じん肺判決・最判一九九四年二月二二日）。

②一律請求について

被害のランク付けをしない一律請求を裁判実務は認めていない。水俣病訴訟で、原告側は、環境ぐるみの人間破壊による被害として質的に差がないから、被害のランクづけをせず、一律の損害額を求めた。しかし裁判所は、一律請求を退け、現在の症状の程度に応じて損害額をランク付けした。水俣病患者の症状は多彩であり、不快感ないし日常生活に軽度の支障を来すに過ぎない症状のものから、死に至る極めて重篤な症状のものに及んでいるのであって、かかる症状の差をも無視して一律に損害額を算定することは、公平妥当な解決にはならない（熊本水俣病第二次訴訟・福岡高判一九八五年八月一六日）。

③共通損害について

大阪空港訴訟最高裁判決（最大判一九八一年一二月一六日）は共通損害をこう説明をする。

航空機の騒音等による身体に対する侵害、睡眠妨害、静穏な日常生活の営みに対する妨害等の被害及びこれに伴う精神的苦痛による損害は、各自の生活条件、身体的条件等の相違に応じてその内容及び程度を異にしうるが、他方、そこには、全員について同一に存在が認められるものや、また、例えば生活妨害の場合についていえば、その具体的内容において若干の差異はあっても、静穏な日常生活の享受が妨げられるという点においては同様であって、これに伴う精神的苦痛の性質及び程度において差異がないと認められるものも存在しうるから、このような観点から同一と認められる性質・程度の被害を全員に共通する損害としてとらえて、各自につき一律にその賠償を求めることも許される。

（采女博文）

授業実践③
導入で元患者の心の痛みを共有する
（小学校）

授業のねらい

小学校四年生での授業実践である。判決文教材を教師と子どもが一緒に読みながら、分からない言葉や出来事などを、一つひとつ確かめながら展開していった。また、子どもたちが持っているハンセン病に対する漠然とした認識から、ハンセン病そのものに対する基本的な知識を理解すること、ハンセン病元患者の方たちに対するこれまでの差別や偏見の様子などを中心に、学習をすすめていった。

授業では、まず、ハンセン病訴訟のおおまかな内容とその流れを新聞記事などを利用してつかませ、子どもたちの日々の生活とはほとんど関わりないハンセン病について、子どもたちに「どうして」「なぜ」という興味や関心を持たせようと考えた。

次に、教材文のハンセン病元患者の体験から、一つひとつの出来事について、一体どんなことが起きていたのか、なぜ、そんなことが起こったのかを考えさせながら、元患者たちの体験を学ぶことで、かれらの「心の痛み」を知り、共有できるようにしたいと考えた。

授業をとおして、ハンセン病に対する正しい知識を学ぶことで、ハンセン病に対する漠然とした認識が、差別や偏見につながらないようにすること、そして、ハンセン病の元患者の体験が、わたしたちがあたりまえと考えている権利を奪われたり、持つことが許されなかったりしたことを理解すること、さらには、今の社会が、この裁判をとおして、ハンセン病の元患者の方たちの人権を大切にしようとする社会であろうとしていることを、認識させたいと考えた。

授業計画

時	学習テーマ	学習活動
1 2	ハンセン病ってなに？	ハンセン病訴訟の流れをつかむ。 ハンセン病元患者の体験を読む。 自分がされたらイヤだなと思うことを発表し、元患者の「心の痛み」を共有する。 もっと知りたいことは何かを書く。
3	ハンセン病について、知りたいことを資料やビデオをもとに調べる。	ビデオを見る。 判決文教材資料を読む。 ビデオや資料から分かったことをまとめる。
4	裁判官が訴えたかったことをまとめる 学習のまとめ。	ワークシートで裁判官が訴えたかったことをまとめる。 まとめと感想を書く。

授業展開

導入（第一次）

今日は、これからハンセン病の授業をするんだけど、まずこれを見てください。

小泉首相控訴断念の記事

だれだかわかるかな？

「あっ、小泉首相だ。」

そうだね。何をしているかな。

「あくしゅ。」

誰としているのかな。

「・・・」

次は、誰だか分かるかな。

吉野東小学校４年２組　生徒数35名
授業者：上猶覚
2001年9月13日

（「菅厚生大臣謝罪の記事」で菅直人厚生大臣を指して）
菅直人さんっていう元厚生大臣なんだけど、謝ってるね。じゃ次見てみましょう。

ハンセン病裁判告訴の記事

これは、元患者の人が裁判に訴えたところです。

「マイクを持っている人がいる。」

ハンセン病の元患者の人が、裁判をおこしたところです。鹿児島の人もいるんだよ。

「えっ鹿児島の人もいるの。」

鹿児島と熊本の元患者の方たちが裁判を始めたんだよ。じゃ次、なんて書いてある？

裁判勝訴の記事

「初めて人間になった。」

えっ、じゃ患者さんたちは、人間じゃなかったのかな？
どうしてそんなに思ったのでしょうか？

では、患者さんたちの体験を裁判の記録から読みます。

〈授業後の生徒の感想〉

（1）なぜ、差別されるのか

・どうして同じ人間なのにちがうあつかいをされないといけないんだろう。なんで療養所で赤ちゃんを産んだらいけないんだろう。自分の子どもに「帰ってくるな」なんて言えるんだろう。

・お話を聞いただけで、これ（ハンセン病）も、ただの病気なのになあと思いました。

・ハンセン病にかかっただけですごく冷たいことをいわれている。どうしていやがられるのか。もし自分がハンセン病になって、こんなひどいことをいわれたりしてたらどう思うだろう。

（2）自分の思いを重ねて

・ふつうの人のようなあつかいを

分からない言葉などがあったら質問してくださいね。それでは読みます。

Aさんの体験を読む。

わからない言葉などなかったですか？

「大風子油ってなんですか？」

ハンセン病の治療に使っていた薬の名前です。

「優生手術って何ですか？」

子供を産めなくする手術のことです。

続けてBさんの体験を読む。

わからない言葉などなかったですか？

「入所勧奨ってなんですか？」

「療養所に入りなさい」とすすめることですが、ハンセン病の場合は、「どうしても入りなさい」という感じになっていたようですね。

してくれないというのがいやだと思う。「もう学校に来なくてよい」って言われたらぜったいにイヤだ。

・妻から「もう来るな」といわれていやだ。

・人間ってこんなにハンセン病の人を差別するなんて思いもよらなかったです。

・ハンセン病にかかった人を差別したらかわいそう。

・ハンセン病だと知って差別して仲間はずれにするのはひどい。ふつうだったら病人にはやさしくするべきなのに。

・わたしもハンセン病だったらどんな気持ちになったかと思った。

・病気なのにむしするのはひどい

・ただの病気なのにお母さんやお

Cさん・Dさん・Eさんの体験を読み、言葉の意味や質問に答える。

「斑文」「村八分」「破談」などがあった。

Gさん・Hさん・Iさん・Jさん・Lさん・Mさんの体験をグループごとに読んで分からない言葉など質問してください。

それぞれのグループで一人子どもに読んでもらい質問を受ける。

原告の人たちの体験を読んで、こんなことをされたらイヤだなあと思うことを発表してください。

「母親から『もう帰ってくるな』と言われていやだと思います。」

そうだね、自分の親からもう帰ってくるなといわれたらいやだね。ほかには。

「患者なのに患者作業をさせられている。」

病気なのに、療養所で作業をしなければいけなかったんだね。

「村八分になっている。」

自分の住んでいる地域の人が、家にやってこなくなったり、友だちが遊んでくれなくなったりしたんだね。

父さんから「帰ってくるな」といわれてちょっとかわいそうだと思いました。

・病気なのにみんな冷たい人ばっかり

・ハンセン病でそこまで「出ていけ」とかハサミでお金をわたしたりして、そんないやがることはないのにちょっとやりすぎだと思いました。

(3) ハンセン病そのものに対する疑問

①ハンセン病はなおるのか。
②本当に人にうつらないのか。
③いきなりなるのか。
④ひふのいへんってどんなの。
⑤他に症状が出るのか。
⑥どうしてふつうの病院に入れないのか。
⑦なんでハンセン病っていうのか。

「タクシーに乗せてもらえない。」
「代金をハサミで取られたらイヤだ。」
「姉が家を出ていく。」

それでは、今日の患者さんたちの体験を読んだ授業の感想や、自分だったら嫌だなあと思ったこと、意味が分からないこと、これから調べてみようと思ったことについて用紙に書いてください。

まとめ

小学生の多くは、ハンセン病そのものやハンセン病訴訟、そして元患者たちへの差別や偏見は、ほとんど知らない。それだけに、ハンセン病の判決文を使った教材文を、小学校の子どもたちが、自分たちの力で調べたり、まとめたりすることは容易ではない。

私の授業では、判決文資料の他には、ハンセン病訴訟に関する新聞記事だけを使って導入をおこなったが、ふりかえって、ＶＴＲなどをもっと活用し、ハンセン病やハンセン病訴訟についてより具体的にイメージできればよかったのではないかと感じている。

授業では、判決文教材の中に、子どもたちにとって意味のつかみにくい言葉や出来事が出てきた。しかし、ここでも、子どもたちと一緒に、言葉の意味を一つひとつ確かめたり、子どもたちの疑問を考えたり調べたりすることで、子どもたちは、ハンセン病に対する正しい知識を得ることができ、元患者の方たちが受けた差別や偏見を理解し、元患者たちの「心の痛み」に思いを寄せ、共有することができたのではないかと思う。

子どもたちが学習の中で感じた感想は、なぜ差別されるのか疑問に思うと書いてきたもの、元患者の方たちの体験に自分の思いを重ねているもの、ハンセン病そのものへの疑問などさまざまであった。

(4) 分かったこと

・ハンセン病の病気は、スルフォン剤をのんですぐなおるからすごいなあと思った。ハンセン病の薬をもっと早く病院(ふつうの)においとけばよかったなあと思った。

・ハンセン病は人にうつらないのに、なぜみんなさけるのって思ってました。これからみんながうけつぐから、そんな差別がない人生がいいと思う。それにハンセン病にかかっても、今ならすぐなおせるからよかった。でも、昔の人はかわいそうだった。

・ハンセン病は、あんまりうつらないということがはんめいした。それとハンセン病をなおす薬がつくられた。科学はすごいな。

・わたしは、今までハンセン病はうつる病気だと思っていました。(うつらないん)だとわかるとわたこれらの感想を大切にし、クラス全体で考えていく中で、「子どもを産めること」「おつりを手で受け取る」「家族と一緒に暮らす」など、元患者の方たちが「心の痛み」として感じたことを、判決文にある「人と人がコミュニケートする権利」や「社会の中で平穏に暮らす権利」へと結びつけることができれば良いのではないかと思っている。

（上猶覚）

しも差別をする人の一人だと思い、とても自分がひどい人間だというこことがとても情けなくなりました。

・ハンセン病はあまりうつらない。ハンセン病にかかると身体にぶつぶつができたりふくれができる。ハンセンさんが見つけたから、ハンセン病の名がついた。ハンセン病は抗生物質を使うとなおる。ハンセン病はらいきんからできる。

⑦最高裁の判断は下級審の裁判官を拘束するか？

裁判は、権力機関である裁判所が紛争を最終的に解決する制度である。裁判官は、法に依拠して個別の事件の結論を出す。三段論法の形式で結論に至る理由を示すが、その際の大前提になる規範・準則は、法源から裁判官が取り出してこなければならない。憲法七六条三項はつぎのように定める。「すべての裁判官は、その良心に従ひ独立してその職務を行ひ、この憲法及び法律にのみ拘束される」。

下級審裁判官は、最高裁の判例に拘束されるかが議論されることがあるが、判例は裁判官が法的に拘束されるという意味での法源ではない（広中俊雄『民法綱要　第一巻総論上』創文社、一九八七年）。最高裁の判例は、他の事件を処理する下級審裁判官の判断を法的に縛ることができるわけではない（裁判所法四条）。

判決は個別の事件の判断として下されるものであり、それを私たちは法と観念し、判例により法規範・準則が形成されるということを承認する。ただ下級審裁判官が最高裁の判例に反した判決をすると、それは上告理由となり（民事訴訟規則四八条）、判決が破棄される可能性がある。ただし最高裁も判例を変更することも多い（裁判所法一〇条三号）。下級審の裁判官は、このような緊張関係のなかで法源（法律）に依拠し、目の前の事実をしっかり見て個別事件の解決に最もふさわしい法を創り出していく。

また、裁判官の良心というものも裁判官個人の思想・信条とは関係はないはずのものである（原島重義『法的判断とは何か』創文社、二〇〇二年）。裁判官の行う法的判断は、個別的な事件を一つの典型へと一般化し、高めるプロセスであると同時に、法規範が制約され、媒介されたかたちで確認されるプロセスである。個別的な事件は普遍的な法規範との関連なしには判断できない。しかしまた法規範が普遍的でありうるのは、その法規範が個別的な事件の中に、かつそれを通じてのみ存在するからである。このプロセスによって個別事件の判決が普遍的な法規範にまで高められるのである。法律の表面的な文言、抽象的な概念だけに依拠し、具体的な事実を見ることなく下された判決はこのプロセスを経ていないから、そのような判例は、生き生きとした生命力を持ち得ないし、やがて下級審の裁判例が積み重ねられることによって最高裁判例といえども変更されていく。

（采女博文）

⑧日本国憲法の下での国家賠償法の役割

憲法（昭和二一年一一月三日公布、昭和二二年五月三日施行）第一七条の規定を受けて、国家賠償法が成立し（昭和二二年一〇月二七日法律第一二五号、同日施行）、第一条第一項に「国又は公共団体の公権力の行使に当る公務員が、その職務を行うについて、故意又は過失によつて違法に他人に損害を加えたときは、国又は公共団体が、これを賠償する責〔せめ〕に任ずる。」と定められた。

第四条で、「国又は公共団体の損害賠償の責任については、前三条の規定によるの外、民法の規定による。」と定めているように、国家賠償法は民法の特別法という関係にある。公務員の公権力の行使によって生じた損害である限り、民法七〇九条（故意又ハ過失ニ因リテ他人ノ権利ヲ侵害シタル者ハ之ニ因リテ生シタル損害ヲ賠償スル責ニ任ス）よりも国家賠償法一条一項が優先して適用されることになる。国家賠償法一条一項に基づく損害賠償訴訟の訴えがなされたときは、証拠に基づいて事実を認定し、その事件で法の定める要件が満たされているか否かを判断し、請求を認容するか棄却するかの結論を出すことになる。ハンセン病訴訟では、厚生大臣と国会議員の行為（何もしなかったという不作為）が違法といえるか否か、また過失があるか否かが大きな争点となった。

また国家賠償法に規定のないもの、たとえば権利行使の期間制限（時効）については民法七二四条が適用されることになる。ハンセン病訴訟では、不法行為の時から二〇年以上過ぎた後の提訴であり、すでに損害賠償請求権は消滅しているのではないか、が争われた。

なお国家賠償法の施行前の権力作用については国の法的責任を問うことはできない、と解されている（判例）。というのは、国家賠償法の附則第六号に、「この法律施行前の行為に基づく損害については、なお従前の例による。」との規定が置かれているからである。明治憲法の下では、公権力の行使（権力作用）によって個人に損害が生じたとしても、国には賠償責任はない、と理解されてきた（国家無答責の法理）。

しかし、戦争中の国策に基づく強制連行・強制労働事件など深刻な事案が現れたことにより、国家無答責の考え方が「著しく実質的な正義に反する」結果をもたらすことが自覚されるようになり、厳しい批判を受けている。

（采女博文）

授業実践④

導入で子どもの興味関心を高める

（中学校）

授業のねらい

ハンセン病訴訟については五月から大きく報道されていたが、私自身この訴訟に対して全くの無知であり、強い関心も無かった。しかし判決文を通して学習し、元患者たちが受けたすさまじい人権侵害を知って、「この日本でこのようなことがなされていたとは」と愕然とした。

裁判において裁判所が国の責任を認め、原告側が全面勝訴し、その後国が控訴を断念したことは、戦後の日本社会が達成した成果として歴史に残るものである。ハンセン病について年長者の方々と話す機会があったが、そのときに感じたことが、「元患者たちへの根強い差別意識」であった。裁判で原告側が勝利した今でも、その差別感を払拭するのはとても難しいと感じた。誤った思想・知識が流通し、時間が経過すると、正しい認識を啓発することは極めて難しいのではないだろうか。判決が確定し、国や県が責任を認め、ハンセン病への差別・偏見の解消に取り組み始めた今、ハンセン病について正しく理解するための教育が急務であろう。

基本的人権の尊重は日本国憲法の柱とされているが、基本的人権が尊重されなかった元患者たちの体験を知ることで、「基本的人権とは何か」を真に考えることができる。基本的人権学習を行う上でも具体的資料として活用できるのである。

「はたして生徒たちはこの重いテーマで、ふだんの生活からかけ離れたこの訴訟に対して、興味・関心をもってくれるのか」という不安はあった。判決文を読み合わせ、調べることに対し、「なぜこういうことをするのか」「テストに関係なさそうなのに」といった意見があがり、調べたいという意欲がなくなることがとても心配だったのだ。それだけに「最初の一時間目に勝負をかけよう」と考え導入の時間に全力を費やした。本記録は、最初の導入部分をまとめたものである。

授業計画

時	学習テーマ	学習活動
1	ハンセン病訴訟とは何か。	・新聞とニュースＶＴＲをみる。 ・原告の証言を読み合わせ、「ひどい、耐えられない」と感じたところを発表する。 ・証言を読んで思ったこと、調べてみたいことを記入する。 ・ビデオを見る。
2〜4	判決文を利用してハンセン病について調べてみよう。	・「社会に関する偏見と差別」「ハンセン病という病気」「強制隔離政策」「療養所内の生活」「ハンセン病の歴史」「ハンセン病の治療方法」について各班で調べる。 ・調べる際には判決文を用い、その他インターネットを利用するなど各班で工夫する。調べた内容を広幅用紙にまとめ、発表の準備をする。
5 6	発表会をしよう。	・各班ごとに調べたテーマについて発表する。 ・発表を聞いた班は、わからないところ、知りたいところについて質問する。教師も質問し、内容理解をより深いものとする。
7	憲法との関係をつかもう。	・ワークシートに適語を記入し、基本的人権の知識をつかむ。 ・各班で何が入るか考え、発表する。
8	ハンセン病裁判を学習して	・判決文で何が訴えられていたのか理解する。 まとめのビデオを視聴し、今までの授業を通しての感想文を記入する。

授業展開

導入（第一次）

新聞記事…ハンセン病訴訟原告勝訴の記事を見せて

五月にこのような記事がでたことを知っていますか。

「聞いた覚えはあります。」

では、ハンセン病とはどんなものか、知っていますか。どんな病気ですか。

（周りと話をする）
「よくは知りません。」

それではみんなに聞いてみましょう。アンケートに答えてください。
（内容「ハンセン病とはどんなものか、知っていますか」）

アンケート「ハンセン病について知っていることを書いてください」
・全く知らなかった　二五人
・皮膚が変形する・顔がただれる　五人

東谷山中学校２年２組　生徒数合計36名
授業者：藤島伸一郎
2001年9月17日～11月22日

・聞いたことはあるが良く知らない　二人
・無回答　二人

あまり知っている人はいないようですね。
それではハンセン病訴訟について深く知るために、次のビデオを見ていきましょう。

（ビデオを用意）

この人を知っていますか。

「・・・・・」

菅直人という当時の厚生大臣です。謝罪をしていますね。
なぜ謝罪をしているのでしょうか。

「・・・・・」

らい予防法という法律を廃止しなかったことにたいして謝罪しているようです。
では続いて、患者たちがそのことに対して裁判所に訴えるニュースです。

判決はどうなったでしょうか。このニュースをみた覚えはありますね。

〈授業後の生徒の感想〉

（1）証言を聞いて

・ハンセン病患者の人たちへの差別や偏見のすごさを知り、「ずーっとつらかったんだろうなあ」と思った。

・元患者の方々はとてもつらかっただろうと思う。私たちも身近でこうした差別をしているのではないかと思い知らされた。普段の生活を振り返り、反省したいと思う。

・先生からもらったプリントよりもビデオの証言は生々しかった。差別や偏見の苦しみを物語っていました。

・私だったら病気は耐えられても差別や偏見は耐えられない。

・ハンセン病に苦しんでるのに、

（ハンセン病原告勝訴・国側控訴断念のニュースを見せる）

この人は、現在の首相の？

「小泉首相」

では、この元患者たちは、なぜ裁判に訴えたのでしょうか。
この方々がどのような体験をしたか、今から配るプリントに詳しく書かれています。
これは、裁判で確定した、本当に元患者たちが体験したことです。
今からこの証言を読んでいきましょう。

判決文の中の「原告の人たちの体験」を配布する。最初の証言は教師が読む。

とてもつらい体験ですね。
この文を読んで、「自分だったら耐えられないな」と感じたところはどこですか。

（指名する）
「二回堕胎手術を受けさせられたこと。」
「列車の中で好奇の目にさらされたこと。」
「祖母の葬式に呼ばれなかったこと。」

ほかはないですね。
ではどうして好奇の目にさらされたり、葬式に呼ばれなかったりしたんですか。

それに加えて差別までされてすごく苦しんでいるんだなと思った。実の親にまで帰ってくるなと言われるなんて、すごく悲しいことだ。

・証言を聞いて、ハンセン病にかかった人たちは、ひどい差別を受けているんだなと思った。

・病気で苦しんでいるのに、さらに差別・偏見の目でみられて、しかも実の親に「帰ってくるな」と言われている。すごく悲しいことだ。

・周りのひとたちからの差別や偏見は、とてもつらいものだったのだろう。わたしたちがしている差別についても、とても思い知らされた。

・患者の人は「この思いは体験しないとわからない」と言っていたが、本当につらい思いをしたんだなと感じた。その思いは本当に味

「ハンセン病に対する差別があったから。」

そうですね。ハンセン病患者に対する社会的差別があったからなのです。
次の証言からは順番に読み、みんなは「ひどい・耐えられない」と感じたところに線を引いてください。そしてそれを発表してもらいましょう。　まず二番目の証言から。

二番目の証言を読む。

二番目の証言でひどいと感じたところは？

「夫の兄に葬式に出てくれるように頼んだが、家族にも隠してあるから、行けませんと言われた。」
「どうしてもいかなきゃ手錠をかけていくぞ。山狩りをしてでも連れていくといわれ、自殺しようとするまで追い込まれたこと。」

三番目の証言を読む。

三番目の証言でひどいと感じたところは？

「ハンセン病患者への差別をおそれる母から帰ってくるなといわれた。」

四番目の証言を読む。

四番目の証言でひどいと感じたところは？

わった人にしか感じないことで、その人の思いは自分にはわからない。

・何十年も療養所に閉じこめられるのはあまりにかわいそうだ。肉親にも完全に見放されるのは、あんまりではないのか。とてもひどい。

・なったことがないからわからないけどかわいそうだった。かわいそうだけどもしうつされたりする病気だったら、私も差別をするかもしれない。

・たくさんのハンセン病元患者がこんなに苦しんでいたことを知らなかった。自分はこんなに幸せなんだな、と思った。

・学校や家族、周りの人から差別を受けているのに頑張っている。強い人たちだなと思った。

・かわいそうだなと思った（とく

「タクシーに乗車を断られたこと。」
「就職先が見つからなかったこと。」
「夫が優生手術を受けたので、子をもうけることができなかったこと。」

五番目の証言を読む。

五番目の証言でひどいと感じたところは？

「校長先生から、突然、もう学校に来なくていいから帰りなさいといわれた。」、「父から、『世間体があるからもう帰ってきてくれるなよ』と言われたこと。」

このように、元患者の方たちは、ひどい・耐えられないような体験をされてきて、そして裁判に訴えたわけです。

では、これらのことを体験した原告の生の声を聞いてみましょう。

原告の証言ビデオを見る。

今日の授業を振り返って、「証言を聞いて思ったこと」「これから調べてみたいこと」を感想として書いてください。

に、代金をはさみでとられたことが）。

・ハンセン病にかかったからって、なんで差別や偏見を持つのだろう。みんな一緒の人間なのに。自分がもしハンセン病にかかってそんな目にあったら悲しいだろうな。

・プリントを読んで、渡したお金をはさみでとったり、子どもにたいして「帰ってくるな」と言ったりしていて、とてもひどい。読んでいてとても悲しかった。

・こういった差別は早くなくなってほしいと感じた。

・元患者は自分のしたいことができない。とてもかわいそうだ。

・今まで本名を使えなかったというのは、本当につらかっただろうなと思う。自分の名前が使えないって、考えられない。

まとめ

　新聞記事やビデオ判決文における原告の体験談を活用し、ハンセン病元患者の辛さを実感することによって、ハンセン病裁判についての興味・関心を深めたいというのが、この授業の最大のねらいであった。

　アンケート結果をみると、ほとんどの生徒がハンセン病のことを「知らなかった」ようだ。症状について知っていた生徒が五人いたが、授業後に聞くと新聞の記事の写真をみてそう判断したようである。授業前はほぼ全員が知らなかったのである。

「ほとんどの人が知らない」ことに対して、子どもたちは「知りたい」「いったいどんなこと?」という興味をかき立てられたようだ。ここでビデオを見せた。

　小泉首相の控訴断念のシーンをみて、テレビでよく見かける首相に対して「なぜこういうことを言っているのか」という関心を抱くことになった。その後で、元患者たちの体験談を読んでいく。

　体験談は、読む者の心を動かす深刻な人権侵害の事実が書かれている。読みあわせをしていく中で、子どもたちは元患者が体験した悲痛な出来事に驚く。

　感想にもあるように、ほとんどの生徒が「つらかっただろう」「悲しかっただろう」「耐えられない」といった感想を書いている。

　差別と偏見に苦しんでいた元患者に対して深く共感している。判決文の証言がいかに子どもたちの心を揺さぶったかが分かる。

　それを可能としたのは、判決文に記載されている体験談の証言であろう。事実の羅列であるにも関わらず、生徒たちが「心の痛み」として共有することができるものであった。

　たしかに、判決文の内容は生徒たちにとって難解で重いものである。しかしその後の授業においても、調べ学習に進んで参加し、主体的に動いている生徒が多いことをみても、生徒たちの

・療養所の生活はひどいが、そこから出てもまだまだ差別を受けるのではないか。

・なぜそこまで差別の目でみられたのか、わからない。

・差別をした人たちにとってはあまり昔のことは心に残っていないのかもしれないけど、差別をされた人たちの心の中には今もこれからもずっと心に傷は残ってしまうと思うから、この問題だけではなく、差別はやはりいけない。

(2) 調べてみたいこと

・ハンセン病というだけで、なぜこんなに差別がおこるのだろうか。

・なぜ、優生手術等をされ、子どもを生むことが許されなかったのか。

・ハンセン病とはどういう病気

興味・関心を高めることができたのではないかと思っている。

「調べてみたいと思ったこと」をきくと、色々な意見を出してくれた。その中から、「調べ学習」のテーマとして、「社会に関する偏見と差別について」「ハンセン病という病気について」「強制隔離政策について」「療養所内の生活について」「ハンセン病の歴史について」「ハンセン病の治療方法について」の六点に絞ることにした。

深刻な人権侵害を受けてきた元患者たちの教育に対する願いを、子どもたちに伝えていきたいものである。

一人一人の感想文を取り上げてみると、「自分は差別をしていないか」と普段の生活を振り返る生徒、「私もうつるのなら差別をしてしまうかも」と現実をみつめる生徒、すべての差別について考える生徒、共感だけでなく現実の問題として、普段の身近な問題としてとらえる生徒など、実に真剣に取り組み、真剣に考えてくれた。

「自分は幸せなんだ」と、普段実感できていない「基本的人権が尊重されている」ことを感じる生徒もいた。

ハンセン病訴訟判決文を活用した授業に取り組むことによって、深刻な人権被害にあった元患者たちの教育に対する願いを子どもたちに伝え、また基本的人権について具体的に理解させていけるものと確信している。

（藤島伸一郎）

で、どのような症状がでるのか。どうしたら治るのか。

・なぜ国は控訴を断念したのか。

・療養所の一人一人の部屋はどうなっているのか。食事等の生活の様子はどうか。

・差別や偏見は、今後どうやってなくしていけばよいのか。

・なぜハンセン病をこんなに差別し、療養所にいれるなどしたのか。

・ハンセン病の今までの歴史を知りたい。外国での例も。

⑨違法性と過失はどのような関係にあるか？

民法七〇九条の権利侵害という言葉は法的に保護に値する利益を意味するものとして拡張して解釈され、やがて違法性と読み替えて理解されるようになり、国家賠償法では違法という言葉で表現されるようになった。従来、違法性とは法秩序に違反しているという客観的な評価であり、過失とは不注意という心理的な緊張感を欠いていたことへの主観的な評価（非難）であると理解されてきた。しかし今日では、過失は客観的な注意義務違反（当該の職業や立場にある普通の人なら誰でも、ある結果の発生を予見できたし、そのような結果が発生しないように回避措置をとることができたのにという客観的な行為規範への違反に対する非難）として理解されるようになったので、違法性の判断と過失の判断は実質的には同じか、極めて類似したものとなった。このため、違法性判断だけでよいという説と過失判断だけでよいとする説が有力になっている。しかし裁判所は違法性判断と過失判断の二つを行って不法行為が成立するか否かを判断している。

国家賠償法の裁判例をみると、学校事故の類型では過失があるか否かの判断に力点を置くものが目につくが、多くの事件類型では実質的には違法性判断だけに収れんしつつある。ハンセン病訴訟でも、違法性判断に大きな力点がおかれている。

国家賠償法の領域では、行政活動が法規範に従って適法に行われているか否かは行政活動の最も重要な法的評価基準であるから、違法性とは客観的な法規範に対する違反を意味する。その際、法規範に対する違反が明瞭ではないときも、人の生命・身体・健康の利益は行政活動において常に考慮・尊重されるべきであるから、違法との判断がなされるべき、と説明される。

個別事件での違法性判断はつぎのように行われる。まず、何をすべきであったか。たとえば、客観的に、政策の転換をする必要があったか否か、どのような具体的な措置を採るべきであったかを確認する。その上で、そのような措置をとっていたか否かを判断し、とっていなかったとすれば違法性があるという結論になる。

過失判断は、たとえば厚生大臣がその当時、政策転換をし、適切な措置をとるために必要な情報・知識を得ていたか否か、あるいは容易に得ることができたか否か、という判断になる。

（采女博文）

授業実践⑤

人権問題を考える契機として

（高等学校）

授業のねらい

本実践は、ハンセン病訴訟判決文を活用し、子どもたちの疑問追求を大切にしながら、調べ学習や発表学習を行っていく、高校生を対象とした授業実践である。

本稿は、主にハンセン病裁判学習の導入部分をまとめている。導入部分では、ハンセン病とは何か、ハンセン病裁判とは何かということをハンセン病裁判で用いられた実際の証言文を中心に読み合わせた。

判決文資料の中に示されている証言文はハンセン病患者がハンセン病と診断されてどのような生活を余儀なくされたのか、そのなかでどのような差別や偏見を受けたのか、その後の社会生活にどのような影響を及ぼしたのかを克明に明らかにしている。証言文からハンセン病患者の実態を分析していく作業を通して人権侵害がどのようにして引き起こされていったのかを把握することができる。

生徒たちはその生の証言記録にただ驚きと怒りを感じるだけではなく、ハンセン病とはどのような病気だったのか、ハンセン病による差別や偏見が何故起こったのかに対して興味・関心を示していた。

ハンセン病とはどのような病気なのか、ハンセン病患者が療養所内でどのような生活を送っていたのか、ハンセン病に対する差別や偏見はどのようなものであったのかなどを判決文資料に沿って明らかにし、生徒たちとともにハンセン病裁判をめぐる人権問題ついて考えていく契機となることを願って取り組んだ。

授業計画

時	学習テーマ	学習活動
1	ハンセン病訴訟って何？	新聞記事や証言文を読み合わせから「ハンセン病裁判」がどのようなものであったのかを問題提起する。
2	映像から学ぶ ハンセン病訴訟	ハンセン病裁判の歴史的過程とハンセン病患者の実態を視覚的にビデオから把握する。
3	判決文から学ぶ	「原告が訴えたこと」、「ハンセン病について」、「強制隔離政策について」、「療養所内の生活について」、「社会における偏見と差別について」などを判決文を活用して調べる。

授業展開

有明高校３年１組
授業者：福田喜彦
2001年９月20日～10月22日

導入（第一次）

今日はハンセン病裁判について勉強してみたいと思います。
「ハンセン病」や「ハンセン病裁判」ついて知っていることがありますか。

「テレビで少しみたような気がする。顔が変形していた。」
「ニュースで聞いた事あるけど分からない。」

なるほど。では、もう少し詳しく新聞記事をみながら考えていきたいと思います。どんなことが問題になっていますか。

「ハンセン病の患者さんが何十年も隔離されて暮らしていて、それが今問題になっている。」

うん、そうだね。「隔離」ってどういうことですか。

「強制的に施設に入れられる。世間からの差別や偏見がある。」
「ハンセン病と分かったとたん、療養所に強制的に入れられる。」

では、ハンセン病裁判で原告が訴えた証言文を読みながらもう少し考えてみましょう。証言文を「何歳の時に入所したのか」「入所させられた時、どう思っただろう」、「今は何歳だろう」といったことに注意しながら聞いてください。

証言文を読んでどんなふうに思いましたか。ワークシートに書き込んでください。

「どんな病気なのか知らないで差別するのはひどい。」
「すごくつらい現状だと思った。」
「なんかこんなに強制されるんだぁと思った。治ればいいものなのにと思った。」
「ひどいなと思った。かわいそう…人権！とか平等とか言っているくせにこんな事があっていたなんておどろいた。」
「信じられなかった。みんな家族から帰ってくるなとか、お金をはさみではさんで渡されたとかひどいことばかり書いてあった。みんなハンセン病と知ったとたん態度が全然変ってそん

〈授業後の生徒の感想〉

（1）一時間目終了後の感想

・ハンセン病に対する差別がこんなにもひどいものだとは思わなかった。葬式に出たくても「家族にも隠してあるから」とあるけど、どうしてそんな事ができるのだろうと思った。世間体ばかり気にしていたのがびっくりした。

・ひどい。治るのにそんなふうに言れたりされたりしてつらいと思う。しかも家族の結婚とかお葬式にも出られないなんてひどい！！

・治っているのに、感染者のように扱われ、偏見の目で見られたりひどいことだと思う。家族にまで差別されたらすごく悲しい。療養所に長い間閉じ込められるのは嫌だと思う。

なに悪い病気なのかなぁと思った。」

「どんな病気なのか知らないで差別するのはひどい」

「すごくつらい現状だと思った。」

「なんかこんなに強制されるんだぁと思った。治ればいいものなのにと思った。」

「ひどいなと思った。かわいそう…人権！とか平等とか言っているくせにこんな事があっていたなんておどろいた。」

ハンセン病患者の人たちはなぜ差別を受けていたのでしょうか。

「感染病だから差別をうけている。療養所に長年入院したまま。治ったあとも差別をうけてしまう。」

「なんでハンセン病ってだけで強制的に療養所に入れられるのかが分からない。うつるっていっても治る病気なのに、差別をしたがる人間がいる。人の気持ちも考えてほしい。」

「家族からも見離されるのは本当にたえられないことだと思います。ほんとうに昔から差別が根づいているのだと思いました。」

ハンセン病とはどんな病気でしょうか。

「ハンセン病の患者の人は、テレビでみたとき口唇の形が変わっていた。」

「皮膚に異常や斑紋ができる。末しょう神経や皮膚などがおかされ、手足に障害が起きる。」

証言文のなかでどんなところがひどいと思いましたか。

「ハンセン病の患者さんは本当は療養所なんか行きたくないのに強制的に入れられたり、世間

・差別や偏見が本当にすごいとおどろいた。ちゃんと病気の事を知らないくせに、隔離とかをやって本当、いじわるな人たちだなあと腹が立ちました。家族とも離ればなれにされて辛かったと思います。

・まわりの人からの差別や偏見がひどいと思った。特に、「買い物の時に店員が代金をはさみではさんで取った」所は、あんまりだと思った。

・若い時からいままで療養所にいさせるなんていけないと思った。親まで差別するなんてだめだと思う。家族くらいやさしくしてあげてもいいと思う。ハンセン病が治ってもどうしてまた差別されるのだろうと思った。

(2) 一時間目終了後の感想

・ものすごい差別だったことを感じました。病気が治っても療養所

体で入らざるをえない状況だったりしてかわいそうだと思った。」

ハンセン病に対する特効薬ができたあとはどんな様子でしたか。

「すごいひどいなと思った。〔2〕のBさんのが特に。特効薬ができたあとでも施設に入れたままとか言うのは薬ができた意味ないと思った。」

ハンセン病患者のまわりの人たちの気持ちや態度はどんな感じでしたか。

「ハンセン病の人たちはとてもつらい生活をしていたんだなぁと思った。ハンセン病だと分かったら周りの人の態度とか変わってかなりひどいなと思った。」

「親にまで『もう帰ってきてくれるなよ。』と言われた時のJさんのはどんな気持ちだったのだろう?自分だったらすごくショックだと思うし…。」

今日、学習したハンセン病裁判の持つ意味はどんなことだと思いますか?

「差別をなくすという意味を持っていると思います。」

「自分たちの人権をまもるため。」

「差別や偏見をなくしていくこと。」

「差別はしちゃいけないし、ハンセン病は治る病気だということ。」

「全然知らなかったのでとても勉強になった。」

「二度とこのようなことが起こらないようにするため。」

からも出られないなんて、薬を使ってもだめなのか?!ちょっと考えが変なんじゃないか?と思った。でももし、今、ハンセン病が目立ってでてきているならどんな風になるのだろう?と疑問に思った。今でも、ハンセン病に対する差別があっているけど、病気に対する知識をきちんとみにつけていかなくてはならないと思います。

・特効薬が出て治っているにもかかわらず退院させなかったというのが驚きでした。

・堕胎手術とか強制されて、差別や隔離されてひどい。憲法改正後も隔離をやっていたなんて信じられない。ハンセン病で訴えた方々は裁判で勝てて良かった。

・戦後に憲法が改正されて、基本的人権の保障など民主主義になったのに日本は隔離をすぐにやめないでいたのが残念だった。

今日の学習で疑問に思ったことや調べてみたいことはどんなことですか。


「大風子油」

「優生手術」

「何で優生手術をするのかと思った。」

「どんな症状があるのか知りたい。」

「どんなふうな後遺症なのか、もっとくわしい写真とか症状がしりたかった。前からこうゆうのがあるとは知っていたけど、ずーっとどんな症状なのか知りたかった。」

「ハンセン病は死ぬのか?」

「ハンセン病ってどんな病気? 斑点ができるんですか?」

「裁判の内容がよくわからなかった。」

まとめ

生徒の意見をみると、「ハンセン病の名前だけニュースなどで聞いた事あるんだけどどういう病気なのかとか裁判の内容はぜんぜん知らなくてニュースを見ていた。今日ハンセン病の事が少し分かって良かった。ハンセン病にもちゃんと薬があるのに、治るのに差別などをして平気な顔で暮らすのが私には許せない。ハンセン病の患者さんは一生けん命生活しているのにどうして差別などをしなきゃいけないのかと思った。自分がもしなった時、自分がしていたことをされたらどう思うか考えて欲しい」など、差別や偏見に対して自分自身が同じ立場に立たされたらどのように考えたらよいのかといった点について述べている意見もみられた。

ビデオを視聴した中では療養所内での生活（特に重患房での生活の様子にはショックを受けている感じだった）、堕胎手術などの強制、差別や隔離の様子などが描き出されたが、感想

・一番心に残ったことは、ハンセン病患者たちの人たちを監禁する重監房です。療養所の規則を破ったらこの重患房に入れられるなんておかしいと思う。またらい菌に対して、スルフォンという抗生物質が見つかったのにどうして患者の隔離をやめなかったのか? 差別に対する心があったからだろうと思う。

・治す薬ができたのに収容し続けたと知ってとてもひどいことだと思った。ビデオに出ていた人たちの泣きながら話される姿を観て、許されてはいけない事だと思った。もっと早く裁判が行なわれていればいいのにと思った。国の当時の対策を腹立たしく思う。

・ひどいと思った。同じ基本的人権を持った人にすることじゃないと思った。私だったらどうするんだろうとか考えていた。やっぱりつらくて毎日毎日いやになるのかなって思った。差別なんてしたら

の中にもこれらの事実に対する憤りや無念さが感じられた。

ハンセン病患者に関する共感だけではなく、なぜ抗生物質スルフォンが開発されても強制隔離をやめなかったのか、基本的人権を保障した日本国憲法の下でも国の十分な対策が取られなかったのか、裁判がなぜもっと早くにおこなわれなかったのかということを指摘している意見も見られた。

私は、このような生徒の意見をふまえて「ハンセン病裁判が『人間回復の戦い』といわれるのはなぜか」と問いかけ、日本国憲法が基本的人権を保障しているにもかかわらず、この問題はこの憲法の下でも続いた人権侵害であることを説明した。

「今回学習したハンセン病裁判の持つ意味はどんなことだと思いますか」との私の問いかけに、生徒たちは、「差別をなくすという意味を持っていると思います」「自分たちの人権をまもるため」「差別や偏見をなくしていくこと」「差別はしちゃいけないし、ハンセン病は治る病気だということ」「全然知らなかったのでとても勉強になった」「二度とこのようなことが起こらないようにするため」などの意見を書き込んでいた。

「らい病予防法なんて作らなくていいと思う。そして、廃止されるのが遅すぎたと思う。日本国憲法は、基本的人権を保障したけれどそれは形だけのものであって差別する人の心を変えなければ何も変わらないと思いました」といった意見もみられた。

証言文を読み合わせる作業は、調べ活動や発表よりも単調なものである。しかし、書かれた意見を読んでみると、生徒たちがハンセン病患者の生活の様子、精神的苦痛、周囲から差別や偏見をどのように受けていたのかをしっかりと把握できているのではないかと感じた。

（福田喜彦）

絶対だめだと思いました」

・ハンセン病の名前だけニュースなどで聞いた事あるんだけどどういう病気なのかとか裁判の内容はぜんぜん知らなくてニュースを見ていた。今日ハンセン病の事が少し分かって良かった。ハンセン病にもちゃんと薬があるのに、治るのに差別などをして平気な顔で暮らすのが私には許せない。ハンセン病の患者さんは一生けん命生活しているのにどうして差別などをしなきゃいけないのかと思った。自分がもしなった時、自分がしていたことをされたらどう思うか考えて欲しい。

・らい病予防法が廃止されるのが遅すぎたと思う。日本国憲法は、基本的人権を保障したけれどそれは形だけのものであって差別する人の心を変えなければ何も変わらないと思いました。

◎授業実践をふりかえって

授業　導入後の工夫

上猶　導入で判決文教材を読むのに時間がかかりましたね。小学校四年生でしたし、分からない字や内容が多かったようです。ただ、原告の体験自体はよく読みとっていたように感じました。文字だけではきつそうなので、内容の理解はビデオに頼ることになりました。偏見や差別については、ある程度理解できたように思います。ふつうの生活ができるということの大切さを実感できたのではないでしょうか。

藤島　二学期が始まったばかりでした。中学生は静かに真剣に聞いてくれました。感想などをもう少し授業の中で発表してもらった方がよかったように思います。授業後も、子どもたちは、ハンセン病に関する話題に反応していました。

新福　私が中学校三年生で授業に取り組んだ時は、地元テレビ局が教材用ビデオを作成してくれた直後でした。おかげで、判決文を中心に据えながらも、ビデオや新聞記事を利用しながら授業を進めることができました。やはり、判決文資料だけでは、証言といっても文字だけなので、いきなり読むのはつらいようです。興味関心をどう高めていくかが大切だと思いました。

蜂須賀　子どもたちの興味や関心を喚起するという点では、ビデオを使って、教師が助言を加えながら入っていった授業の方が、反応はよかったですね。子どもの目が全然違ってみえました。ビデオにあった菅直人厚生大臣の謝罪や裁判勝訴の瞬間、小泉首相控訴断念の言葉など、「こんな勉強をするのか」とイメージしやすかったと思います。逆に、上猶さんの時は、導入が「初めて人間になった」という新聞記事と写真だけだったのでイメージをつかむのが難かしかったのかもしれません。

福田　看護科の生徒たちも、まず感染症そのもの、続いて、社会の差別に関心を示していました。導入部分でハンセン病はどういう病気なのかをしっかり確認する方がよいように思います。

山元　九月下旬から一〇月にかけて、全部で一〇時間取り組みました。生徒たちは最初、ぼんやりした印象しかもてなかったようです。導入は新福さんや福田さんと同じで、やはり、生徒の関心は「ハンセン病とは何か」に集中しました。ここで明確に説明しておくことが大切ですね。

調べ学習の重要性

新澤　新福さんの「調べ学習」では、生徒たちとのテンポのよい関わりがよかったですね。「療養所の生活環境の改善に努力したのは誰ですか」「いまでも患者がいるんですか」「治るんですか治らないですか」と発表に対して効果的に問いかけをされていました。

蜂須賀　新福さんの問いかけは興味深かった。「ここまでわかって欲しい」という思いが伝わってきました。

山元　調べる時間を十分に取りました。自分できちんと調べて分かって欲しかったからです。調べ学習に力を入れることが大切だと思いました。生徒の関心は、ハンセン病の特徴から強制隔離政策の内容、差別偏見の問題へと移っていきました。特に優生手術と、家族との絆が断たれることなどはショックだったようです。

新澤　今の若い世代にとってハンセン病に関する知識は皆無に近いのではないでしょうか。そういう意味で、この授業で、教師が元患者の辛く悲しい思いを子どもたちに伝えることは大切なことです。この授業の始まりとしても適切であると思います。特に元患者から子どもを奪った優生政策などは、ぜひ子どもたちに知ってもらいたい事実ですね。

福田　私が教えたのは看護科だったので、症状への質問が多かったですね。医学書を手に授業すればよかったと思ったほどです。

川野　大学の授業でも、かなり授業が進んでから「ハンセン病って何ですか」とたずねた学生がいたし、授業後の感想にも「知らなかった」が多かった。知らないことでハンセン病に対する差別を支えていたのではないだろうか。

梅野　堅山勲さんは「医学・科学の目」で見てほしいとおっしゃっていました。容貌ではなく菌の有無が病気を意味するわけです。

采女　生徒たちを療養所に連れて行くときでも、感染についての注意は不要だ。元患者は菌を保有してないからね。乳幼児期の濃密な接触を別にすると家庭内で感染しないし、発病する率は極めて弱い。結核菌と比較するとゼロと言い切ってさしつかえない。だから感染予防のための特別な法律は必要ないわけ。結核予防法は今でもあるからね。

これからの課題

藤島　研究大会では、ハンセン病の授業をされている先生と出会えました。

川野　熊本の先生から、積極的に取り組むべきだとの指摘がありましたね。大学と小中学校の教師が連携することに驚いた方もおられました。

新福　意識のある先生と無い先生の差が大きかったと思います。ハンセン病の問題を取り組まないで、どうして人権を教えることができるのかと思うのですが…。

蜂須賀　憲法一三条から導き出された「社

会の中で平穏に生活する権利」という言葉に目を開かされました。当たり前に生活していて気づかない言葉が、判決文の中にたんたんと記されていますよね。

福田　人権がどのように侵害されていったのか、そのプロセスを具体的に考えていく必要があると思います。

新福　戦後の社会でも人権を無視するようなことが行われ、知らずにいたことで差別を支えていたわけです。そしていま差別をうち破ろうとしています。教師でさえ判決文に何が書いてあるのか知らない人がいます。もう少し判決文を知ってほしいと思いました。

藤島　いままでも「隔離せんといかんよ」という意見を聞くこともあります。差別の循環を断ち切ることが大切です。

山元　子どもたちがひどい人権無視だという政策を、国会や政府などみんなで支えてきました。知らなくて支えてきたという無知の怖さを伝えていきたいものです。

采女　いじめの授業とハンセン病の授業を重ねて欲しい。複雑なことは複雑に教えて、子どもだからといって単純化しないで欲しい。判決文は共有財産です。もっと教育の中で生かしたいね。

山元　療養所をたずねてどのように交流すればいいのだろうか。

川野　学校に来ていただく環境を作ることも教師の仕事ではないだろうか。

采女　原告だった方の話を直接聴くのが一番いい。それができる環境作りは教師の責任かな。みんなの授業がそのきっかけになるとうれしいな。

梅野　広島や長崎では、教師が被爆者の証言をききとることに積極的に関わっていますね。関東地方の学校ならば、最初に資料館を訪問して学習する方法もある。できれば、各療養所に参観学習ができるような資料室を設置してもらいたいですね。さまざまな取り組みが可能です。一人でも多くの教師が最初の一歩を踏み出されることを期待したいと思います。

Ⅲ部　ハンセン病訴訟判決文教材資料

■対照表

判決書＝約一八万語		判決文資料＝約四万語
第一章	原告らの請求	【訴訟の目的】（本書理論編を参照）
		資料2【ハンセン病の基礎知識】
第二章	事案の概要等	【訴訟の目的】（本書理論編を参照）
第一	事案の概要	資料2【ハンセン病の基礎知識】
第二	前提事実	
第三	本件の主要な争点	
第三章	当事者の主張	
第一節	請求原因について	【原告の主張】（本書理論編を参照）
	（原告らの主張）	【国側の主張】（本書理論編を参照）
	（被告の主張）	
第二節	除斥期間について	
第四章	当裁判所の判断	
第一節	ハンセン病の医学的知見及びその変遷	資料2【ハンセン病の基礎知識】
第一	ハンセン病の病型分類と症状の特徴等	
第二	ハンセン病の疫学	
第三	ハンセン病治療の推移	
第四	ハンセン病に関する国際会議の経過	
第五	新法制定前後のハンセン病の医学的知見	
第二節	我が国のハンセン病政策の変遷等	資料2【ハンセン病の基礎知識】
第一	戦前の状況について	資料3【ハンセン病政策の歴史—明治・大正期】
第二	戦後、新法制定までの状況について	資料3【ハンセン病政策の歴史—昭和（戦前）】

第三	新法制定後の状況について	資料3【ハンセン病政策の歴史—昭和（戦後）】 資料3【ハンセン病政策の歴史—昭和　年まで】 資料3【ハンセン病政策の歴史—らい予防法廃止まで】 資料5【外出制限について】 資料6【優生手術について】 資料7【患者作業】 資料8【療養所以外での治療・療養所の外来治療】
第四	ハンセン病患者等に対する社会的差別・偏見について	資料9【社会的偏見・差別について】
第三節	厚生大臣のハンセン病政策遂行上の違法及び故意・過失の有無（争点二）厚	資料2【ハンセン病の基礎知識】
第一	生省の隔離政策の遂行等について	資料4【強制隔離政策について】
第二	隔離の必要性の有無について	資料5【外出制限について】
第三	違法性及び過失の検討	資料10【裁判所の見解】
第四節	国会議員の立法行為の国家賠償法上の違法及び故意・過失の有無（争 点二）	資料10【裁判所の見解】
第一	原告らの主張	
第二	新法の違憲性	
第三	立法行為の国家賠償法上の違法性及び故意・過失の有無について損 害について（争点三）	資料11【ワークシート】
第五節	原告らの主張	
第一	原告らの被害の実態の概観	
第二	退所経験のない原告について	
一	退所経験のある原告について	資料1【原告の人たちの体験】
二	包括一律請求の可否　共通損害の内容等	資料6【優生手術について】
第三	損害額の算定	資料10【裁判所の見解】
第四	戦後、本土復帰前の沖縄について	資料11【ワークシート】
第六節	戦後、本土復帰前の沖縄について	資料10【裁判所の見解】
第七節	除斥期間について（争点四）	【除斥期間】（本書コラムを参照）
第八節	結論	

資料1【原告の人々が体験したこと】

（1）原告八七番（Hさん　女性）

Hさんは昭和二三（一九四八）年に生まれた。三歳の頃ハンセン病だった母が亡くなり、祖母に育てられた。昭和三一年ころ発病し、県の職員から何回も入所するように強く勧められた。その時は祖母が「島流しをさすのはかわいそうな。」と抵抗したが、結局、昭和三二年、八歳の時に療養所に入った。療養所に向かう列車の中で「好奇（こうき）の目」にさらされ、つらい思いをしたことを今でも覚えている。入所した時、「少女舎」（少年少女のための療養内の宿舎）へ向かう坂を登っていったときの心境を「一歩一歩が暗いトンネルでも入っていくような感じだった」と述べている。

療養所の中で義務教育を修了し、他の療養所に移って、高等学校に進学した。高校生だった時に、唯一の頼れる肉親だった祖母が亡くなった時は、親せきが参列に反対したために、葬式に呼ばれなかった。高校を卒業した後、再び元の療養所に戻り、昭和四五年に入所者と結婚した。しかし、夫婦寮は、障子一枚と廊下をはさんで、他に二組の夫婦が暮らし、心が安まらなかった。

昭和四七年と平成二年に妊娠したが、「子を産み育てること」を許されない療養所では、出産することは選択できず、二回とも堕胎（だたい）手術を受けた。Hさんは、「退所を全く考えたことがない」という。

（2）原告九番（Bさん　女性）

Bさんは大正一一（一九二二）年に生まれ、学校を卒業後、両親のもとで農業を手伝っていた。昭和一六年頃から顔に少しずつ皮ふの異変がみられるようになり、昭和二五年頃から、役場の職員から「うつる病気だから特別の病院に入らなければならない」と強く迫られるようになった。

あくまで入所したくないBさんは、自宅から離れた山おくの小屋で一人暮らしたが、その後も、しつこく入所を勧められること（＝入所勧奨）が続き、「どうしても行かなきゃ手錠をかけていくぞ。」「山狩りをしてでも連れていく」などと言われ、自殺しようとするまでに追い込まれ、昭和二八年、三一歳の時に療養所へ入所した。

昭和三〇年に入所者同士で結婚したが、結婚した時に夫が優生手術（ゆうせいしゅじゅつ）を受けたので、子をもうけることはなかった。昭和四四年ころ、夫の目が見えなくなり、耳も聞こえなくなったので看病に専念したが、昭和五四年に亡くなった。夫の兄に「葬式に出てくれるように」と頼んだが、「家族にも隠してあるから、行けません」と断られた。その後は音信もない。Bさんは、現在まで、療養所で暮らし続けている。

（3）原告三四番（Eさん　女性）

Eさんは、昭和五（一九三〇）年に生まれ、昭和二〇年に国民学校高等科を卒業した後、自分の家で農業を手伝っていた。

　昭和二四年ころ、皮ふの異変で医師の診察を受け、数日後、保健所によび出されて、ハンセン病であると教えられた。ひんぱんに入所勧奨（にゅうしょ　かんしょう）を受けて、隣の家から「村八分」のような扱いを受けるようになったため、両親と泣き崩れて別れをおしみながら、昭和二六年、当時二一歳の時、療養所に入った。「熱こぶ」が出るような状態だったが、病棟の看護などの作業（＝患者作業）をさせられた。昭和三三年ころ、別の療養所に移ったが、昭和四八年ころまで「不自由舎」（ふじゆうしゃ）の付き添いなどの作業をした。

　一人娘だったので、療養所を出て家を継ぐつもりだったが、昭和四二（一九七六）年に両親が養子を迎えた後は、患者への差別をおそれる母から「帰ってくるな」と言われるようになった。

（４）原告五番（Aさん　女性）

　Aさんは、昭和二（一九二七）年に生まれ、昭和一四年に高等女学校に進学した。

　昭和一五年、一三歳の時、皮ふの一か所に僅かな異変を見つけた教師から「診察を受けるように」と言われ、父と一緒に療養所を訪れた。

　港からタクシーで行こうとしたところ「療養所に行く患者を乗せられない」と断られ、はじめて、ハンセン病への社会的な差別の厳しさを思い知らされた。診察を受けるだけのつもりだったのに、療養所でハンセン病と診断されて、そのまま入所することになった。

　症状は軽くて、「大風子油」（たいふうしゆ）の治療でほとんど症状がなくなり、わずかの期間、プロミン（ハンセン病の特効薬）で治療を受けた後は、ハンセン病の治療を受けていない。

　昭和二一年、「社会復帰につながるのではないか」との思いもあって、軽い症状の男性入所者と結婚したが、その時に夫が優生手術を受けたので子をもうけなかった。結婚した頃、Aさん夫婦は、他の三組の夫婦と一二畳ほどの大部屋で共同で生活し、昭和二五年になって、四畳半のささやかな個室が与えられた。

　夫は昭和三八年ころから、社会復帰のために一〇年近く就職活動を続けたが、療養所が住所になっていることが原因となって就職先を見つけることができなかった。Aさんは社会復帰をすることができず、現在まで療養所で暮らし続けている。

（５）原告七番（Jさん　男性）

　Jさんは、昭和二三（一九四八）年に生まれ、母が病死した後は父一人の手で育てられた。昭和二九年ころから熱が出たり、斑紋（はんもん）が現れはじめた。昭和三七年、校長先生から突然「もう学校に来なくてよいから帰りなさい」と言われて、二日後に、自宅にきた県の職員がJさんの父に「子どもまで殺していいのか。」と言ったのを聞いて、父に言われるまま、一三歳の時に、療養所に入った。約一年後、二泊三日の帰省許可をもらい、喜び勇んで実家に戻ったところ、父から「世間体があるから、もう帰ってきてくれるなよ」と言われて愕然（がくぜん）とした。その後は、実家に帰らなかった。

　昭和四三年に療養所を無断で退所して、パチンコ店の店員や塗装工などの仕事をしたが、症状がひどくなり、昭和四六年、診察を受けるつもりで療養所に行った時、医師の指示でそのまま入所した。

Jさんは、平成五年に初めて「治った」と言われたが、現在まで療養所で暮らしている。

(6) 原告一二六番（Iさん　男性）

Iさんは、昭和四（一九二九）年に生まれ、昭和二六年に結婚して、子をもうけた。

昭和四三年ころから、神経痛や斑紋（はんもん）が出て、病院で診察を受けたところ、病名を教えられないで「療養所に行くように」と言われ、「らい療養所」だと知らないで行った。同年、三九歳の時、中学校二年生の息子を姉に預けて、療養所に入った。息子と生き別れたIさんは悲しみで食事もとれなくなって衰弱し、一時は危篤（きとく）状態になった。

Iさんは、買物をした時、店員が代金をはさみではさんで取った時の事を鮮烈（せんれつ）に覚えている。ハンセン病に対する社会的差別が根強いことを感じた。ハンセン病に対する社会的差別を恐れて「退所を考えたことはない」「ただ、ひっそりと生（せい）を終えたい」と考え、療養所で暮らしている。

(7) 原告一五番（Dさん）

Dさんは、昭和八（一九三三）年に生まれ、昭和一八年に父が病死した後は、母一人に育てられた。

学校三年生ころ、ひざに数センチくらいの斑紋（はんもん）ができたが、誰からも言われず、治療も受けないでいた。昭和二二年と昭和二三年の二回、保健所の職員から療養所に入るようにと勧められ、昭和二四年の春、予防着を着て診察にきた医師から「入所するように」と迫られたが、母が断った。

しかし、三回目の入所勧奨で、ハンセン病だという噂が近所に知れわたって村八分のようになった。

自宅を訪れる者がいなくなり、姉の縁談が破談になって「このうちにはいたくない。」と言って家を飛び出したり、弟や妹の遊び相手がいなくなって、孤立（こりつ）した。耐えられなくなったDさんは、昭和二四年、一六歳の時に療養所に入った。家族も、差別を避けて引っ越しをした。

入所後一年経って、ようやく一週間程度の帰省を許され、昭和三五年ころまでは年に一度の帰省をしていたが、家族に迷惑がかかることを恐れて帰省しなくなった。ハンセン病への差別や偏見のために、弟や妹の結婚式にもよばれず、弟や妹の配偶者とも、一度も会ったことがない。また、母親が死んだことも、初七日が済んだ後に知らせを受けた。

現在まで独身のまま、肉親との音信もなく、療養所で暮らし続けている。

(8) 原告三一番（Lさん）

Lさんは、昭和一〇（一九三五）年に生まれた。一三歳のころから両手の握力がなくなり、昭和二五年、学校の先生につれられて保健所に行き、療養所で診察を受けて、一五歳の時、療養所に入った。

昭和三八年に「治った」と認められて療養所を出て実家に戻ったが、療養所に入った時に実家が消毒を受けて近くの人々に知れわたっていたので、まわりの差別や偏見を感じながら生活した。新聞配達の仕事をしたが、三か月くらいしたころ、雇い主から「あの人が配るのならもう新聞はいらない。」という苦情がある」と聞かされて配達地域を変更させれらた。差別や偏見から逃れるために何度も引っ越しをして、療養所にいたことをひた隠しにして暮らしている。

(9)　原告四三番（Nさん　男性）

Nさんは、昭和一五（一九四〇）年に生まれ、ハンセン病の自覚はなかったが、小学校六年生のときに学校の健康診断で異変が見つかり、大学病院で診察を受けて、母に言われるまま、昭和二七年、一一歳の時に、療養所に入った。昭和三五年にあった父の葬式の時、母から「参列しないように」と言われて以来、実家に帰っていない。その後、知らないうちに家族が引っ越し、音信が途絶えている。

昭和四八年ころ、二度と戻らないつもりで療養所を出たが、就職に苦労して、新聞の勧誘や集金の仕事をして生活した。昭和五二年、昭和五八年、平成元年の三度、足の後遺症や再発したハンセン病を治療するため、一時的に療養所に入り、平成五年に別の療養所に入って暮らしている。

(10)　原告一二番（Kさん　男性）

Kさんは、昭和七（一九三二）年に生まれた。昭和二三年、一六歳のころ大学病院でハンセン病と診断された。「ここでは新薬（プロミン）が手に入らないから療養所に行くように」とすすめられて、昭和二三年、療養所に入り、昭和三三年に原告の一人と結婚した。昭和三四年に妻の妊娠が分かった時、「何とか出産させたい」と考えたが、「療養所で子を産み育てることはできない」とあきらめ、妻は堕胎（だたい）手術を受けた。Kさんは優生手術を受けなかったが、婦長から何度も「受けるように」と言われた。

昭和三七年にらい菌検査で陰性になり、昭和四一年に退所を許され、山林を切り開いて作った鶏舎で養鶏の仕事をしたが、後遺症があった足の傷が悪化して、平成二年に再び療養所に入り、現在まで療養所で暮らしている。

Kさんは、妹の結納までかわした縁談が破棄され、家族に差別がおよぶことを恐れて、平成元年に亡くなった父の葬儀にも出られず、平成一〇年にあった養女の結婚式にも参列しなかった。

(11)　原告八四番（Gさん　男性）

Gさんは、昭和三（一九二八）年に生まれた。幼いころからハンセン病の症状がでていて、昭和一七年、一四歳の時に療養所に入ったが、昭和二〇年に療養所を逃げ出して実家に戻った。

昭和二二年に保健所から、たびたび入所勧奨を受けた。また、以前は手に入った「大風子油」（たいふうしゆ　特効薬が開発される前に使われていた薬）も手に入らなくなったので、昭和二二年、二〇歳の時に、再び入所した。昭和二五年に入所者と結婚したが、当時は、女性一二人が生活する二四畳の大部屋に通わなくてはならず、みじめな結婚生活を味わった。昭和三〇年、ようやく四畳半の部屋が与えられた。

昭和四〇年ころ、入所者の団体旅行に参加しようとしたら、医務課長から「菌指数がプラス3だ」という理由で、参加を許可されなかった。昭和五〇年頃には、買物に行って代金を払っても、「金はそこへ置いといて」と言われたり、食堂で「作れませんから帰ってください」と言われたことがあった。

妻と一緒に社会復帰したいと考えて、昭和四〇年代に何度か退所を申し出たが、許可されなかった。現在まで療養所で暮らしている。

(12)　原告四二番（Mさん　男性）

Mさんは、昭和九（一九三四）年に生まれた。一二歳の頃から斑紋（はんもん）があらわれ、二二歳の頃から顔がはれるようになった。

小さな工場を経営していたが、昭和三四年頃、医師から「療養所で検査を受けるように」と言われた。その年、療養所で「ハンセン病だ」と診断され、帰宅も許されず、妻と子を残して、そのまま入所することになり、工場も手放さざるを得なくなった。二四歳の時である。妻には「病気で入院している」と説明したが、ハンセン病のことが知れると「もう来るな」と言われ絶縁状態となり、昭和四二年に離婚した。

昭和三九年に療養所を出て、入所したことを隠して働き、再び自分の工場をもって、退所した人を雇ったりしていたが、「ハンセン病患者だ」とのうわさが立ちはじめた頃から急に経営が不振になって、工場を手放さざるを得なくなった。再婚した妻の兄弟から、ハンセン病のことで、あからさまに差別的な言動をされたこともあった。

ハンセン病の症状が顔に現れるようになり、差別を恐れる妻から「遠くの療養所に入ってほしい」と言われて、昭和五四年、別の療養所に入った。昭和五八年に退所して地元に戻ったが、再発したため、平成四年に療養所に入り、現在まで療養所で暮らしている。

(13)　原告一一番（Cさん　男性）

Cさんは、昭和一〇（一九三五）年に生まれ、昭和三七年ころ、あこがれていた仕事について、昭和三九（一九六四）年に結婚し、子をもうけた。昭和四八年六月頃、勤務中の傷の治療が終って八月に復職しようとした時、上司から「よくない病気だから自宅で待機するように」と言われた。その後、突然、自宅を訪れた県の職員と療養所の副園長がCさんを診察して、病名を教えないで「再診察を受けるように」と言ったので、Cさんは、昭和四八年、三七歳の時、そこが「らい療養所」だと知らず、妻と子を残して入所した。他の入所者や看護婦から「短期間で退所することはできない」と聞かされ、医師に退所を取り合ってもらえず、絶望して自殺を考え、包丁を購入した。

昭和五六年頃から、妻が入院したため、自宅で子どもの面倒を見て、療養所の外で働くという「自宅」「職場」「療養所」を行き来する生活を送っている。

(14)　原告六七番（Fさん　男性）

Fさんは、昭和四（一九二九）年に生まれ、ハンセン病のために入所勧奨を受けて自殺した父の後をついで、農業をしていた。昭和二五年ころに発病したが、大学病院に通って、当時非常に高価だったプロミンを数回分持ち帰って投与し、症状が落ち着いた。昭和二九年には結婚して、子をもうけたが、昭和三一年頃から症状が出て、何度も入所勧奨を受けるようになった。自宅での治療を希望したが、大学病院からプロミンの持ち帰りを断られ、やむをえず、昭和三五年、三一歳の時に、妻と子を残して療養所に入った。

入所後、しばらくは、農作業の手伝いのために、年二回帰省していたが、期間は一週間に厳しく制限された。三年ほどプロミンによる治療を受けて、ハンセン病の症状はなくなったが、療養所で養豚の作業で、麻痺していた足に傷を受けて以来、足の治療を受け続けている。現在まで退所していない。

(15) 原告一二〇番（Oさん　男性）

Oさんは大正一四（一九二五）年に生まれた。それほどの症状は出ていなかったが、昭和一一年、一〇歳の時、父と一緒に連行されて、療養所に入った。昭和二一年に原告の一人と結婚し、昭和二二年に優生手術を受けた。

昭和三八年に退所し、社会復帰していた人を頼って、自分が入所していたことを隠して、会社に就職した。幼いころに療養所に入っていたOさんは、社会生活をほとんど経験していなかった。電話のかけ方も分からず、とまどったが、翌年には、妻をよび寄せて二人で暮らしはじめた。しかし、後遺症の足の腫（は）れがひどくなり、「元入所者」であることが知られることを恐れて、病院にも行かないで無理を重ねて症状を悪化させ、結局、昭和四二年、妻と一緒に、再び療養所に入った。

資料2【ハンセン病の基礎知識】

【らい菌】

ハンセン病は、明治六年ころに、ノルウェーのアルマウエル・ハンセンが発見した細菌で、「らい菌」による慢性の細菌感染症である。末梢（まっしょう）神経と皮ふが侵される。らい菌は、感染しても発病することは極めてまれで、もともと死に至る病気ではない。スルフォン剤という特効薬が発見される以前でも、昭和六年から昭和二三年までの長島愛生園の死亡統計では、ハンセン病による衰弱死は全体の二・九％にすぎず、喉頭狭窄（いんとうきょうさ　のどが狭くなる）による死亡例を加えても三・六％だった。「らい菌」の感染力は弱くないともいわれるが、感染しても発病する率は、高い場合でも一％を超えることはない。大流行はまれで、二〇世紀に入っては、世紀初頭のナウル島やパプアニューギニア、一九五〇年代、一九六〇年代のミクロネシアの例がある。日本の戦後では、家庭内接触児童の発病率についての報告では、最も高いものが一四％、最も低いもので一・四％となっている。夫婦間での感染はまれで、発病率の報告によれば、最も高いもので七・八％、最も低いもので〇・六％である。

【特効薬プロミン】

ハンセン病治療薬は、大風子油（たいふうしゆ）による治療がほとんど唯一で、日本の療養所でも使用されていたが、再発率が高く、根治薬というにはほど遠いものだった。昭和一八年、アメリカの「カービル療養所」のファジェットが、スルフォン剤であるプロミンにハンセン病の治療効果があると発表し、「カービルの奇跡」といわれた。スルフォン剤の登場は、これまで確実な治療手段のなかったハンセン病を「治し得る病気」に変える画期的な出来事だった。

【日本でのプロミンの使用】

昭和一八年、アメリカでプロミンを使った治療がはじまり、日本でも、昭和二二年から使用されはじめた。その後、経口薬ダプソン（ＤＤＳ）が用いられるようになった。

【らい反応】

ハンセン病の経過は緩やかだが、突然に急激な炎症性変化「らい反応」がおこることがある。「らい反応」には「境界反応」と「腫らい反応」がある。「境界反応」は治療中に発生することが多く、ＤＤＳ単剤療法では約五〇％に、多剤併用療法でも約二五％に起こり、皮ふの炎症が悪化したり新しい皮疹が見られ、神経破壊と麻痺、兎眼（とがん)、垂手、垂足になることもある。「腫らい反応」は全身の炎症で、治療を開始した数か月後から始まることが多く、ＬＬ型患者の半数以上、ＢＬ型患者の約四分の一に起こる。主な症状は皮疹（ひしん）で、重症な例では全身に変化を起こす。薬で治療し、予後は良好だが、炎症が数か月から数年間続き、神経障害が進行して眼の症状を残すこともある。

【多剤併用療法】

昭和五六年、ＷＨＯ（世界保健機構）が、リファンピシン、ＤＤＳ、クロファジミンによる多剤併用療法を提唱した。この治療方法は、わずか数日間で「らい菌」は感染力を失うといわれるほどに治療効果が優れて、再発率が低く、多くの苦痛と後遺症をもたらす「らい反応」の少なさ、治療する期間を短縮するなど点で画期的だった。

現在では、早期発見と早期治療により、障害を残すことなく、外来治療によって完全に治る病気である。不幸にして発見が遅れて障害を残しても、今日では、手術やリハビリテーション医学が進歩しているから、障害を最小限にくい止めることができるようになった。

今日では、感染源は、「治療を受けていない」患者だけになる。

【感染性の判断】

平成三年のＷＨＯ世界保健総会はハンセン病の制圧基準になる有病率を人口一万人当たり一人以下としたが、日本の有病率は明治三三年が人口一万人当たり六・九二人、昭和二五年が一・三三人で、昭和四五年以降は一人を下回っている。

社会経済状態の発達がハンセン病の感染や発病を減少させるとの認識は、既に明治三〇年の第一回国際らい会議で確認されており、その後も国内外の会議などで繰り返し指摘されていた。

資料3【ハンセン病政策の歴史】

Ⅰ（明治・大正期）

明治以降、最初に「救らい事業」に乗り出したのは宗教家で、特に明治二〇年代以降「神山復生病院」「慰廃園」「回春病院」「待労院」などの私立療養所が患者の療養に当たった。ハンセン病が差別・偏見・迫害の対象とされてきたことは、ハンセン病の存在する国々に共通する。しかし日本では「遺伝病」と信じる者が多く「伝染する病気」であるとの認識は薄かったため、伝染への恐怖心からの偏見はほとんどなく、差別・偏見は、患者を「穢れた者」「劣った者」「遺伝的疾患を持つ者」と見る考えからのものだった。

【伝染説の確立】

明治三〇年（一八九七年）

明治七年にハンセンが病の伝染説を発表した。伝染説が国際的に確立したのは「第一回国際らい会議（明治三〇年、ベルリン）」で、細菌学者ナイセルは、「らいは伝染性だが、伝染性の程度は顕著ではないし、型によって異なる。」と述べた。

【内務省見解】

明治四〇年（一九〇七年）

内務省衛生局長は、明治四〇年二月二六日、貴族院での質疑答弁で、「患部に触るとか、患部に触れた紙・布片のようなものが体に触れることによって伝染することになっています。この伝染力は直ぐひどく飛んで伝播するものではありません。」と答弁した。

【公立療養所】

明治四〇年（一九〇七年）

明治四〇年に「癩予防ニ関スル件」が制定された。内務省は、二〇〇〇人の浮浪患者を収容する方針を決め、「全生病院」（東京　後の多磨全生園）、「北部保養院」（青森　後の松丘保養園）、「外島保養院」（大阪　昭和九年九月の室戸台風以降復興されず）、「大島療養所」（香川　後の大島青松園）、「九州療養所」（熊本　後の菊池恵楓園）の五か所に公立療養所が設置された。

市街地への距離が遠くなく交通の便利な土地を選ぶと決められたが、地元住民の反対運動で難航し、特に、大島療養所は瀬戸内海の孤島に置かれた。大正四年頃には、療養所長から、入所患者の逃走防止などのために「離島に療養所を設置すべき」との意見が出され、昭和一〇年三月一四日には衆議院で「療養所は外部との交通が容易でない離島や隔絶地を選定すべき」という建議が可決された。

【第二回国際らい会議】　ベルゲン　明治四二年（一九〇九年）

「隔離は、患者の自発的施設入所が可能な状況（家族への生活援助など）の下で行うべき」「家庭内での隔離措置もあり、それが不可能な浮浪患者の施設隔離は、法による強制力の行使もやむを得ない」「らい菌の感染力が弱い」「子供は伝染しやすいので患者の親から分離することが好ましい」などが決議された。

【懲戒・検束の強化】　大正五年（一九一六年）

「癩予防ニ関スル件」の一部改正で、療養所長が必要な懲戒や検束を加えることが法文化され、懲戒または検束として「譴責（けんせき）」「三〇日以内の謹慎」「七日以内の常食量二分の一までの減食」「三〇日以内の監禁」が認められた。監禁は二か月まで延長でき、「風紀を乱した」「職員の指揮命令に服従しなかった」という理由で減食などの処分対象とされ、「逃走しようとした」「他人を煽動して所内の安寧秩序を害そうとした」理由で監禁などの処分対象とされた。

【患者数】　大正八年（一九一九年）

政府調査では、患者数約一六二〇〇人に対し、療養所の収容患者数は一五〇〇人未満。内務省は、昭和五年までに国立療養所を新設し、公立療養所を拡張して、病床数を五〇〇〇床とする計画をたて、昭和一一年頃までに目標を達成した。

【第三回国際らい会議】　ストラスブルグ　大正一二年（一九二三年）

らいのまん延が甚だしくない国では、病院や住居での隔離はなるべく承諾の上で実行する方法をとる、隔離する場合も人道的にする、十分な治療を受けられる限りは患者を家庭に近い場所におく、貧困者、住居不定の者、浮浪者などは隔離して十分な治療を施す、患者から産まれた子どもは両親から分離し、継続的に観察を行う、等が決議され、「伝染性患者と非伝染性患者とでハンセン病予防対策を区別する」考え方が示された。

【民族浄化】　大正一五年（一九二六年）

衛生局予防課長は論文「民族浄化のために」で、「らい病は誰しも忌む病気である。見るからに醜悪無残の疾患で、これを蛇蝎以上に嫌いかつ怖れる」「民族の血液を浄化するために、また、この残虐な病苦から同胞を救うために、慈善事業、救療事業の第一位に数えられなければならぬ」「らい予防の根本は結局らいの絶対隔離である」と記述している。

Ⅱ（昭和・戦前期）

【無らい県運動】　昭和四年（一九二九年）

昭和四年、愛知県の民間運動が発端になり、日中戦争が始まった昭和一一年ころから、この運動により全国的に強制収容が徹底・強化された。昭和五年から昭和一〇年にかけて入所患者数が約三倍に増えた。昭和一五年の、厚生省から都道府県への指示では「らいの予防は、少なくとも隔離で達成できるのだから、患者の収容こそ最大の急務だ。患者収容を完全にするために、無らい県運動の徹底が必要だと考える。」としている。

戦時体制下、山間へき地の患者まで探索しての強制収容が繰り返され、昭和一五年七月には、多くのハンセン病患者からなる熊本県の集落で強制収容が行われて一五七名が検挙された。

患者の自宅などが予防着を着用した保健所職員により徹底的に消毒されたことが、ハンセン病が「強烈な伝染力を持つ恐ろしい病気」との恐怖心をあおり、患者が地域社会に脅威をもたらす「危険な存在」で、「隔離しなければならない」という新たな偏見を多くの国民に植えつけ、ハンセン病患者とその家族への差別を助長した。

「無らい県運動」などのハンセン病政策によって生み出された差別・偏見は、それ以前とは明らかに性格を異にするもので、今日まで続くハンセン病患者への差別・偏見の原点となった。

【国際連盟らい委員会】

バンコク　昭和五年（一九三〇年）

「らい者と共に働く者でも、合理的注意を払えばほとんど感染しない」とし、予防対策としての治療の重要性が強調された。また「隔離は伝染のおそれがあると認められた患者だけに適用すべき」と明記された。委員会による「ハンセン病予防の原則」（昭和六年）は、「隔離には患者の隠匿を促進し診断・治療を遅らせる欠点がある」「感染性がない患者や発病初期の患者は、可能な限り外来の治療施設で治療されるべきだ」と指摘した。

【癩の根絶策】

昭和五年（一九三〇年）

内務省衛生局「癩の根絶策」では、ハンセン病は「惨鼻のきわみ」で、「らいを根絶し得ないやうでは、いまだ真の文明国の域に達したとはいえない。」「らいを根絶する方策は唯一つである。らい患者をことごとく隔離して療養を加へればそれでよい。外に方法はない。」と書かれていた。これは、ハンセン病に対する恐怖心・嫌悪感をいたずらにあおり立て、「国辱論」もまじえて、ハンセン病患者すべてを隔離する「絶対隔離政策」が唯一の正しい方策で、そうしなければハンセン病の恐怖から永久に逃れられないとの強迫観念を国民に植えつけた。

【国立療養所】

昭和五年（一九三〇年）

初の国立療養所である「長島愛生園」が瀬戸内海の小島に開設された（三月）。その後、「栗生楽泉園」（群馬　昭和七年）、「宮古療養所」（沖縄　昭和八年）、「星塚敬愛園」（鹿児島　昭和一〇年）、「国頭愛楽園」（沖縄　昭和一三年）、「東北新生園（宮城　昭和一四年）が開設され、昭和一六年に「松丘保養園」「多磨全生園」「邑久光明園」「大島青松園」「菊池恵楓園」が国立療養所に変わり、「駿河療養所」（静岡）が昭和二〇年に、奄美和光園（鹿児島）が昭和二八年（一九五三年）に開設された。

【癩予防法（旧法）】

昭和六年（一九三一年）

「行政官庁はらい予防上必要と認める時は、らい患者で病毒伝播の恐れのある者を国立らい療養所などに入所せしむべし」（三条一項）とされ、予防上必要と認めるときは「らい患者に対し業態上病毒伝播のおそれある職業に従事するを禁止」でき、「古着、古蒲団（中略）その他の物件にして病毒に汚染し、また汚染の疑いあるものの売買・授受を制限または禁止し、その物件を消毒させたり廃棄させること」ができるとした。

【癩の極悪性の本質に就て】

昭和九年（一九三四年）

京都大学皮ふ科助教授小笠原登氏は、論文「癩の極悪性の本質に就て」で、「癩の伝染性が甚だ微弱な事は日本の専門家の多くが認める所である。結核に比べると比較にならない程に弱い」と指摘した。隔離政策を批判した小笠原氏は、昭和一六年の「第一五回日本らい学会」で批判される。この頃から隔離強化の国策遂行上、感染力の微弱さが強調されなくなった。

【二〇年根絶計画】

昭和一〇年（一九三五年）

内務省衛生局は、昭和一一年からの一〇年間に療養所の病床数を一万床とし、さらにその後の一〇年間でハンセン病を根絶することとした。

III　昭和　戦後編・らい予防法制定まで

【第二回汎アメリカらい会議】

リオデジャネイロ　昭和二一年（一九四六年）

ファジェットは、スルフォン剤プロミンの投与を受けた患者は六か月の治療で二五%、一年で六〇%、三年で七五%、四年で一〇〇%が軽快し、四年間の治療で五〇%以上が菌陰性となるという画期的な報告をした。

【第四回国際らい会議】

カイロ　昭和一三年（一九三八年）

「強制隔離が実施、推奨されている国は、患者生活の一般的条件は自発的隔離の場合とできる限り同様でなければならず、合理的退所期も保証されねばならない」「らい者と共に働く者でも、感染に対し合理的注意を払えば殆ど感染しない」。

【日本でのスルフォン剤の導入】

昭和二一年（一九四六年）

日本でもプロミンによる治療が開始され、昭和二二年一一月の「第二〇回日本らい学会」で、長島愛生園、栗生楽泉園、東京大学におけるプロミンの研究報告が治療効果を認めた。昭和二三年一一月二七日の衆議院厚生委員会で厚生省医務局長は、「患者が一日千秋の思いでいるプロミンの製剤は、国内でも生産されるようになりました。もし十分な予算を獲得できたら、らい患者の全部に進んだ治療薬による治療ができます。らい根絶策、死に絶えるのを待つ五〇年対策ではなく、治癒を目標としたらい対策を立てるべきだと考えております。」と答弁した。昭和二三年に多磨全生園で「プロミン獲得促進委員会」が結成されて全国に広がり、ハンストなども行われた結果、昭和二四年度予算でプロミンの予算化が実現した。

【特別病室事件】

昭和一四年（一九三九年）

栗生楽泉園の特別病室は昭和一四年に設置された重監獄で、厳重に施錠されて光も十分にささず、冬にはマイナス一七度まで下がった。全国の療養所で不良患者とみなされた者の監禁に利用された。

監禁された九二人の監禁期間は平均で約四〇日。規則で定められた二か月を超えて監禁されていた人も多く、最も長い人で一年半におよんでいた。厳寒でも十分な寝具や食料が与えられず、九二人のうち一四人が監禁中や出室当日に死亡し、監禁と死亡との間に密接な関係があると厚生省が認めた者は一六人に上った。事件は戦後、昭和二二年八月に大きく報道されて厚生省や国会の調査団が派遣され、一一月六日の衆議院厚生委員会で実態が明らかになった。

【日本らい学会】

昭和二三年（一九四八年）

昭和二三年、昭和二四年の「日本らい学会」でプロミンの治療効果を認める報告が続いた。長島愛生園でプロミン治療を行っていた犀川氏は、「慢性潰瘍」や「鼻道の閉鎖」「咽喉頭の狭窄」などによる呼吸困難の症状が日をおって軽快し、らい菌が消失していくプロミンの著しい効果を目の当たりにして、「いよいよハンセン病が治る時代を迎えたことを実感した」と述べている。

【優生保護法】

昭和二三年（一九四八年）

「らい条項」では、「医師は、本人か配偶者が『らい疾患』にかかり、子孫に伝染するおそれがある者に、本人と配偶者の同意を得て、優生手術を行うことができる（三条一項三号）」「医師は、本人またはらい疾患者に対して、本人と配偶者の同意を得て人工妊娠中絶を行うことができる（昭和二七年改正後の一四条一項三号）」とされた。

【第五回国際らい会議】

ハバナ　昭和二三年（一九四八年）

ＤＤＳも世界各地で試され、懸念されていたほどの副作用はなく、少量でプロミンに劣らぬ著効が確認された。日本でも昭和二八年ころからＤＤＳ経口投与による治療がはじまったが、広く普及するのは昭和三〇年代後半であった。会議では、「らい療養所の存在位置は交通の便利な都市間の中央近く、最も近い都市から半径一〇ないし三〇キロメートル内が好ましい。」「患者を特別な小島に隔離する事は無条件に責められるべきである」「施薬所や外来診療所は交通の便利な、人口密度の高い地域に設けるべき」「非伝染性の患者は隔離することなく、一定の正規な監視下におく」「らい療養所を退所できる患者に社会復帰上の援助を与える」こと、などが確認された。

【厚生省の方針】

昭和二四年（一九四九年）五月一九日付新聞

「厚生省は、三〇年計画で日本からライ病を根絶するため潜在患者を発見すべく全国的にライの一斉検診に乗り出した。」「近く癩予防法（旧法）を改正して三〇年計画でライを絶滅させる」「各市町村の衛生官と警官が協力してライ容疑者名簿を作る」「結核や乳幼児の集団検診の際に保健所係員が現場へ出張して容疑者を発見する一方、保健所では一般住民からの聞込みや投書で容疑者発見につとめる」と報じた。

【全国らい調査】

昭和二五年（一九五〇年）

登録患者は一万二六二八人、うち入所患者が一万一〇〇人、未収容患者が二五二六人。患者数は一万五〇〇〇人と推定した。五〇年前の明治三三年調査時の患者総数三万三五九人と比較すると五〇年間で半減し、人口一万人当たり六・九二人（明治三三年）から一・三三人（昭和二五年）になった。昭和二四年度から昭和二八年度までに五五〇〇床を増床し、療養所の収容定員は一万三五〇〇人になった。昭和二八年の調査では、未登録患者を含む推定患者数が約一万三八〇〇人で、ほぼ全患者の収容が可能になり、増床が終了した。

新入所者は、昭和二六年度に一一五六人、二七年度に六五四人、二八年度に五六三人、二九年度に五六六人、三〇年度に六〇八人と増え、在宅患者は、二七六九人（昭和二五年末）から一一二一人（昭和三〇年末）に減少した。

「患者の徹底した収容」「患者の自宅の消毒」「ライ患者用と明記された列車による患者の輸送」などは、ハンセン病が強烈な伝染力を持つ恐ろしい病気で、患者は隔離されなければならないとの偏見を作り出し、助長した。

【栗生楽泉園事件】

昭和二五年（一九五〇年）

一月一六日、入所者同士の対立から三人の入所者が殺害される事件が栗生楽泉園で起こり、二月一五日の衆議院厚生委員会で取り上げられ、長島愛生園長らは、患者の取締り強化を訴えた。

三月一七日の衆議院厚生委員会では、栗生楽泉園の実地調査を行った委員が「不祥事が起こらないようにするためには、園の周囲に柵をめぐらせ患者が自由に外出できないようにする」こと、「現行の懲戒検束規定が憲法違反でないとの明確な解釈を加えることなどが必要である」と述べた。刑政長官は「患者の特殊性を考えると、脱走を防ぎ、園内の秩序を維持するために、ある程度の懲戒処分をする必要は当然認められる。『癩予防法』『癩予防法施行規則』があれば、必要な範囲で懲戒処分を行うことは適法である。」と話した。新憲法下でも「癩予防法」（旧法）に基づいて懲戒処分を行うことができると答弁した。

【三療養所所長発言】

昭和二六年（一九五一年）

一一月八日、参議院厚生委員会の「らい小委員会」で三人の園長から意見聴取が行われた。委員長は冒頭で「日本のらい予防は、最近著しく進歩を遂げて、患者も減少して参りました」「らい予防法も時代に即応いたしまして改正、改善等の必要を考えています。」と発言した。

A園長　まだ約六千名の患者が療養所以外に散在している。患者は周囲に伝染の危険を及ぼしているのだから、速やかに収容するように施設を拡張して行かねばならない。」「相当有効な薬ができて各療養所とも盛んに使用して治療効果も相当に上り患者の状態が一変した。もう一歩進めば全治できると思う。今でも極く初期の患者ならば殆ど全治することができている状態だ。」

B園長　もう少し強制的に入れなければ、いつまでたっても同じだ。強権を発動させなければ同じことを繰返して家族内伝染はやまない。」「手錠でもはめて強制的に入れればいいが、ちょっと知識階級になると、何とかかんとか言うて逃がれる。どうしても収容しなければならんという強制の強い法律にして頂かないと駄目だ。」「予防には家族伝染を防げばいい。男性、女性を療養所で結婚させ、安定させて、優生手術を奨励することが非常に必要だ。」「潰瘍を治癒させることだけはできるが、神経繊維の再生はできないのだから、そういう患者は外部で職業につくと、ひどく破壊が起る。現在の有力な治療でも再発を防ぐことは難しい。」「逃走罪という一つの体刑を科すことができれば、他の患者の警戒にもなる。逃走罪という罰則が一つ欲しいのです。一人を防いで多数の逃走者を改心させることになる。」

C園長　「らいの数は、古畳を叩くようなもので、叩けば叩くほど出て来る」「らい予防対策も中途半端では、いつまでも解決せず長く禍根を残す。やるならば徹底的にやる方針で、完全収容をして頂きたい。」「現在の法律では徹底した収容はできない。本人の意思に反して収容できるような法の改正をしていただきたい。」「特効的な治療薬ができても、すでに欠損した体の一部分は再生しない。奇形になった部分を元に復すことは困難だ。治癒したとしても社会復帰ができない状態になり、不治と同じだ。社会復帰のできる状態で早期の治療をする措置をとって頂きたい。」発言の後、入所者から糾弾を受け、B氏以外は発言を撤回した。

後に大谷証人は「新しい時代を全然認識せず、時代に全く逆行して患者の解放に歯止めをかけようとする証言」「当時の日本のらい医学専門家の時代錯誤の見解」と述べた。

【第二四回日本らい学会】

昭和二六年（一九五一年）

プロミンが極めて優秀な治療薬と認められ、日本での治療研究が始まって一〇年を経過した昭和三一年頃以降もスルフォン剤の優位性は揺るがなかった。昭和三〇年代での再発の問題もスルフォン剤の評価を根本的に見直すものとはならなかった。ハンセン病医療の問題がすべて解決したわけではないが、進行性の重症患者が激減し、不治の悲惨な病気であるという見方を大きく転換させた。

【全患協】

昭和二六年（一九五一年）

全国国立らい療養所患者協議会（「全患協」）が結成された。「全患協」は「強制収容反対」「退園の法文化」「懲戒検束規定の廃止」などを求め、療養所でのハンストや国会での座り込みなどをして、「癩予防法」（旧法）改正運動を展開した。「らい予防法」成立後も、昭和三八年と平成三年四月の二度、厚生大臣に強制措置の撤廃を求める「らい予防法」改正要請書を提出した。全国国立ハンセン病療養所所長連盟も、昭和六二年三月に強制措置の撤廃を求める請願書を出したが、「らい予防法」の改廃には結びつかなかった。

【WHO第一回らい専門委員会】

リオデジャネイロ　昭和二七年（一九五二年）

スルフォン剤治療が非常に優れて効果的で、DDSも恐れられていたほどの副作用がなく治療効果も高く、「価額の安い事」「使用法が簡単な事」「普通経口的に投与できる事」「外来治療に利用価値が高い」とされた。また、委員会では、「強制隔離は望ましくない」「政策は公衆の保健衛生の立場から行われるべきで公衆の恐怖とか偏見から行われてはならない」「強制隔離への恐怖は、病気の治癒が可能である期間中隠れている様な結果になる」「施設に強制隔離する事は、患者の家族を分離させ、家庭をやぶり、生活不能者を作る事になる」「患者の恐怖と、施設に長く止らねばならない事、かつて施設に居たと云うだけで汚名がつく事を考えると、らいである事を隠し、治療を受けなくなり、接触者にかえって危険をもたらす」「らいの流行地では、乳幼児に伝染し易いので、らいと接触させない必要があること」等が確認された。

Ⅳ　らい予防法の成立から昭和三五年まで

【らい予防法の成立】

①首相答弁

昭和二七年（一九五二年）

衆議院議員H氏は「らい予防と治療に関する質問主意書」で「いまの癩予防法（旧法）は、その精神において人権を無視したきわめて非民主的なもので、いまらい行政に適しない法律であり、多くの疑問がある」と質問した。一一月二一日の首相答弁「癩予防法（旧法）は憲法に抵触しない」「患者の納得をまって収容するように努力し、がん迷に拒否する少数の患者は、らい病毒の伝播を防止し、公共の福祉を確保するために入所命令書を交付して入所させた例もある。」「退所させることは公共の福祉の観点から適当でないので国立療養所長に懲戒検束の職権を与えることが必要」「治ゆした場合に退所させるのは当然」「特に小児に対する伝染力は相当強い」。

②らい予防法の審議

昭和二八年（一九五三年）

昭和二八年六月三〇日、内閣から「らい予防法案」が提出された。「らいを予防するには、患者の隔離以外に方法がない。長期療養所生活、緩慢な伝染力などを考え、まず勧奨で本人の納得を得ての入所を原則とし、できない場合に、入所を命じたり直接入所させる措置が特例的にとられる。」

○衆議院厚生委員会

（厚生大臣）「患者の療養所への入所後長期の療養生活、緩慢な伝染力等を考慮して、まず勧奨により本人の納得を得て療養所へ入所させることを原則」にする。

（厚生省医務局長）「伝染させるおそれがあるものに、予防上必要があるときに限って積極的な勧奨をすることになっている。必要以外で希望しない者は、入所の義務はない。」「本人が希望して在所する場合は、回復者のための純粋に社会福祉的な施設がないから、非常にお気の毒だが、希望すれば一般の患者と同じ規律に従っていただく。それが意に反するなら、自由に退所できる。」

（公衆衛生局長）「伝染の危険性のない患者は非常に数が少い。」

○参議院厚生委員会

（公衆衛生局長）「らい菌を証明するか、臨床的にらい菌を保有すると認められる患者、例えば皮ふや粘膜にらい症状を呈するもの、神経らいで神経の肥厚を伴うもの、萎縮麻痺を認める、それが限局していないようなものを考える」「無理にでも入所させて治療を受けさせ、公衆衛生上の害を取除かなければならない。」「伝染させるおそれがある患者は収容する方針をとる。」と説明した。厚生大臣も「勧奨にどうしても応じない場合のために強制収容の規定が必要。」

（Y議員）「実態は強制じゃないですか。」

（F議員）「退院できるのだということが我々の間では常識になっている。」

（H議員）「日本のらい患者の数がだんだんに数は減りつつあるという実情もある。」

（厚生省医務局長）「プロミンその他の新らしい治療剤が広く使用されるようになって患者の治療成績は非常に上ってきました。殊に病気の進行をとどめ、病気を抑えるという意味では極めて顕著な効果がある。」

（公衆衛生局長）「ＷＨＯの総会においてらいに関する特別委員会の報告があります。」「患者の収容について強制力をどの程度使うかについては、その国々の状況によって異なる。」

③らい予防法

昭和二八年（一九五三年）八月一五日

三〇頁の「判決文を読み解く」を参照

【伝染性有無の判定基準（厚生省）】

昭和二九年（一九五四年）

「伝染させる恐れのある患者」とは「らい菌を証明する者、および活動性のらい症状を認める者」で、「活動性のらい症状」とは「皮ふ及び粘膜にらい症状のあるもの」「神経らいで神経の肥厚の著明なもの」「神経らいで麻痺及び筋萎縮の著明なもの」と説明した。未治療のハンセン病患者は、皮ふや神経の症状から「ハンセン病」と診断されることがほとんどだから、診断を受けた者が「伝染させるおそれがない」と判断される場合はほとんどない。松丘保養園長は、「現実には、ハンセン病と診断されれば、感染のおそれにかかわらず入所させなければならなかった」と述べている。厚生省は、いったん「伝染させるおそれがある患者」と認められた者が、一度や二度の検査で「らい菌」が陰性となっても、相当長期間の観察による厳格な審査でなければ、伝染のおそれがないとは判断されないとしている。

【日本皮ふ科全書】

昭和二九年（一九五四年）

「らいの伝染は他の伝染病に比して遙かに弱く個々の場合で非常に違う。幼児期長期にわたる密接な接触が感染の最好条件となる。」また、「重症者と長期に亘り同居しながら感染しなかった例は数多く知られ」る。「接触が最密である夫婦間の感染が存外少いのも衆知の事である。」また、『内科書中巻』（昭和三一年改訂）は、「一般の衛生的規則を厳重に施行すれば、本病の伝染は余り恐るるに足らない。これは医師並びに看護婦の感染例がまれなことから見ても明らかである。本病患者の小児は出産と共に母から隔離しなければならない。本病患者は初期の者でも、直ちにらい病院に隔離して適当に治療することが最も必要である。」と記している。

【退所決定暫定準則（厚生省）】

昭和三一年（一九五六年）

「斑紋型及び神経型」「結節型」に関する退所基準に加え、「その他（希望事項）」として、「顔面、四肢等に著しい畸形、症状を残さないこと」「退所後家族または隣人との不調和のおそれがないこと」がある。厚生省が外見にハンセン病の痕跡を残す人の退所に極めて消極的だったことを示すものである。菊池恵楓園長は、「左手の指がかすかに曲がっている」入所者からの社会復帰の申し出に対し、「君、その手では社会的に治癒してないから社会復帰は無理だ。」と述べたという。当時の療養所の態度をよく現している。証人N氏によれば、約八割もの在園者が、何らかの後遺症を持っている。社会の差別・偏見は、後遺症を持つ在園者の社会復帰を妨げてきたのである。

【第七回国際らい会議】

東京　昭和三三年（一九五八年）

「外来患者治療に必要な病院は、患者の大部分がくるのに便利な位置に置くべき」で「政府がいまだに強制的な隔離政策を採用しているところは全面的に破棄するように勧奨する。」「特別ならいの法律が強制されているところでは廃止させ、公衆衛生の一般手段を使用するようにうながす必要がある」との決議がなされ、「子どもに対する家庭内感染を防止するため未感染の子供の方を患者から遠ざける方策」も勧告されている。厚生省医務局長は、患者数が明治三七年と比較して約二分の一に減少し、入院患者、在宅患者とも高年齢となり、「日本におけるハンセン病の流行が極期を過ぎた」としながら、「まだ在宅の未収容患者が相当あり、これらが感染源となっているので早期に収容することが望まれ」ると報告した。後に大谷証人は、「隔離こそ唯一のハンセン病対策であるとして、未だに日本の完全隔離主義を間違って誇っていた」と指摘している。

【WHO第二回らい専門委員会】

ジュネーブ　昭和三四年（一九五九年）

委員会報告書（昭和三五年）では「一般保健医療活動の中でハンセン病対策を行い、特別な疾病として扱わないこと」「ハンセン病療養所はらい反応期にある患者や専門的治療、理学療法や矯正手術の必要な後遺症患者等の治療のため一時入所する場で、入所は短期間で外来治療の場に移すこと」「軽快後は菌陰性を待つことなく速やかに外来治療の場に移すこと」「療養所入所患者は最小限度に止め、外来治療所で実施するのを原則とすること」などが提唱された。「らいは他の伝染病と同じく公衆衛生当局によって扱われるべき」で「こうした原則に適合しない特別の法制度は廃止されるべきである。」とされた。

Ⅴ らい予防法廃止まで

【第八回国際らい会議】

リオデジャネイロ　昭和三八年（一九六三年）

この病気に直接向けられた特別な法律は破棄されるべきで無差別の強制隔離は時代錯誤で、廃止されなければならない。と表明した。

【らい予防法改正要請書】

昭和三八年（一九六三年）

全患協は「らい予防法改正要請書」を作成し、①「らい予防法」を「ハンセン氏予防法」と改めること。②「目的」や「義務」の中に治癒者の更生福祉を明確にする。③療養所への入所は、強制入所にならないようにする。④各都道府県に指定医療機関を設け、在宅患者の医療を行い、入所できない者を管理する。⑤「汚染場所の消毒」「物件の消毒、廃棄等」「質問及び調査」を廃止する。⑥治癒した者には証明書を交付する。⑦療養所は医療システムを確立し医学リハビリテーションを行う。⑧入所者の外出は、予防上重大な支障をきたす恐れがある者を除いて制限をしない。⑨退所者の保障を法文化する。⑩「秩序の維持」に関する特別の規制は廃止する。⑪「優生保護法」のらいに関する規定を削除する。などを要求した。

【厚生省の姿勢】

昭和三八年（一九六三年）

「全患協」は新法改正運動の一環として、八月、厚生省、衆参両議院の社会労働委員に陳情を行った。厚生省公衆衛生局長は、「予防法を改正するのは当然であるが、長い伝統があるので一挙に国民の理解を得ることは難かしいし、結核より伝染力が弱いからといっても一ぺんにそこまでかえることは難かしい。」「国の政策が誤っていたと考えていない。」「予防法は進歩した医学に基づいて改正したい。」と述べた。公衆衛生局結核予防課長は、「長く続いている制度を替えることは時間がかかる。厚生省としても早く改正したいと思うが、長く療養所に関係している者の頭が変らないから難かしい。」「偏見除去については、予算をとることがPRになり、法律改正とPRは表裏一体と考えている。」と述べた。

【らいの現状に対する考え方】

厚生省　昭和三九年（一九六四年）

①らいは治ゆすること、②治ゆした後に遺る変型は、らいの後遺症にすぎないこと、③らい患者にも、病型によりを感染させるおそれがあるものと、ないものとがあること、④らいの伝染力は極めて微弱で乳幼児期に感染したもの以外には発病の可能性は極めて少ないこと、という見解が支配的となりつつあり、医学の進歩に即応して、⑤患者の社会復帰に関する対策であり、⑥らいを感染させるおそれのない患者に対する医療体制の問題、⑦現行法の再検討が必要であること、⑧社会一般のらいに対する恐怖心は今なお極めて深刻なので、まず強力な啓蒙活動を先行して行わなければ、検討結果による措置も実を結ぶことは困難である。

【国会陳情】

昭和三九年（一九六四年）

三月、「全患協」は、国会議員と厚生省への陳情を行った。「治るようになったので、政府も早急に法改正に努力しなければならない。」（H議員）。「このような予防法があることは国として恥かしい。いっぺんにはいかないがHさんとも相談して、一歩一歩よくなるように努力したい。」（衆議院社会労働委員長）。「一挙に予防法を改正することは問題がある。世の中の偏見を無くすることは急にはいかない。」（厚生大臣）。「最近の新しい医学の進歩はよく知っているが一挙に改正しては世間の理解が追いつかない点もあるので、小さい改正を何回か積重ねて、その後で大きく改正する方が一般の人に不安なく受け入れられると思う。」（公衆衛生局長）。

【らい医学の手引き】

長島愛生園園長監修　昭和四五年（一九七〇年）

①らい患者との単なる直接間接の接触による発病はきわめて稀で、らいの伝染発病力は少なくとも成人に対しては一般に考えられているほど強くはない。②日本のらいに対する絶対隔離政策は、一九三一年の癩予防法改正と共に行われたが（中略）まさにナンセンスであり、らい患者の減少にあずかって力があったのは、文化的生活水準の向上ということになろう。③らいは不治でなく、変形は単なる後遺症に過ぎず、病型によっては伝染の恐れが全くないばかりか、乳幼児期に感染しないかぎり発病の可能性はきわめて少ないことが明らかな現在では、らい予防法に旧態依然としてうたわれている隔離が、問題視されるのも当然である。

【難治らいの克服】

昭和四六年（一九七一年）

昭和四〇年ころから、スルフォン剤でも治療困難な「難治らい」と呼ばれる症例が現れるようになったが、昭和四六年以降のリファンピシンやクロファジミンの登場で進歩を遂げた。しかし、それ以前も、DDSを中心に薬剤を駆使しながら治療成果を上げていた。

スルフォン剤だけで治療した時代には、LL型、BL型患者の再発が少なくなかった。再発の原因は、①薬剤使用量の不足、②使用方法の不適、③不規則な服用投与、④耐性菌の発現、⑤生活環境、などがある。日本で多くの再発者を出した要因として、⑥退所後のフォローアップが不十分であった点が証人尋問で指摘されたが、これは日本の療養所中心主義政策の矛盾が現れたものである。※（証人宮古南静園長）「医師不在、短期間の派遣医師の入替えにより一貫した治療方針が維持できずに『難治らい』となってしまった症例が一一名もある。」

「難治らい」は医学的には重要な問題であったかもしれないが、日本のハンセン病政策全体を左右するほど多数の症例はなかった。

【退所者の増加と減少】

プロミンによる治療で、昭和二三年に二六％だった菌陰性者の割合が、昭和二五年には三七％、昭和三〇年には七四％になり、多くの症状固定者、治癒者がでてきた。昭和二六年に全国で三五人の退所者を出し、次第に増加していったが、昭和三〇、四〇年代は、スルフォン剤の単剤治療を受けた患者の再発が目立つようになり、治癒の判定や退所基準が慎重になる傾向もあった。

昭和四〇年代後半にリファンピシンが数日でらい菌の感染力を失わせることが明らかになって伝染させるおそれを理由に患者

を隔離することは無意味となった。このことは昭和五〇年代以降の退所の判断に影響を与えた。

昭和五〇年四月に大島青松園に赴任したN氏は、「伝染させるおそれを理由に退所を妨げることはなく、菌検査が陽性の患者や再発の懸念がある場合に、治療上、療養上の観点から医師として入院が望ましいとアドバイスする程度であった」と述べた。昭和五二年四月からいくつかの療養所で園長を歴任したT氏は、「軽快退所を希望する者に積極的に勧めたが、制限したことはなく、退所後の生活を思って思いとどまるよう助言したことはあるが、最終判断は本人の意思を尊重していた」と述べ、「基準に当てはまらなくても入所者が希望すれば認めていた」と証言している。

【退所者の減少】

昭和五〇年代以降に「軽快退所者」数が減少するのは、入所で生活基盤を失い、入所の「長期化」や入所者の「高齢化」、根強く残る差別・偏見の存在、社会復帰支援事業の不十分さが原因といえる。社会的差別・偏見と関係するが、後遺症の存在が退所を妨げになっている場合が多い。退所を積極的には希望しない者にとっても、退所をめぐる厳しい現実の現れといえる。

昭和五〇年代以降は、退所を強く希望する入所者に、是が非でも退所を許可しないことはなくなったが、このような方針が公式に表明された証拠はなく、入所者にだれもが自由に退所できることが知らされていたとは認められない。

N氏は、「私自身がみんなに退所できるんだよとアナウンスはしたことはございません。（中略）やっぱり知らなかったという方がときどきおられました。」と証言している。N氏は、平成八年九月一日発行の「すむいで」に「（「癩予防ニ関スル件」が制定された明治四〇年以来）九〇年間、患者さんは、病気の真実とはかけ離れて扱われ、国民としての多くの権利を剥奪され、義務として療養所に隔離をされ続けてきました。」と記している。

【大谷見解】

平成六年（一九九四年）

大谷藤郎は、厚生省医務局国立療養所課長となった昭和四七年当時から、「らい予防法」が国際的にみて学問的根拠を失っていると考えていたが、昭和四九年ころ、法改正が入所者の処遇の後退につながることを心配して改正に賛同しなかった。大谷は、後に、「ハンセン病差別の基本である予防法改正問題に身を挺して取り組むべきであったと悔やまれた。」とふり返っている。

平成六年、「らい予防法」を廃止し、在園者には今までどおりの処遇を保障するという「大谷見解」が発表されてから事態は一変し、平成六年一一月、所長連盟が「らい予防法改正問題についての見解」を発表。平成七年一月に「全患協」が「らい予防法改正を求める全患協の基本要求」を、四月に日本らい学会が『らい予防法』についての日本らい学会の見解を発表して大谷見解を支持した。同年五月の「ハンセン病予防事業対策調査検討委員会中間報告書」も、「らい予防法」の廃止に向けた抜本的な見直しを提言し、一二月八日、厚生省保健医療局長の私的諮問機関「らい予防法見直し検討会」が、「らい予防法」や「優生保護法」の「らい条項の廃止」などを提言した。

資料4【強制隔離政策について】

【自由退所を明らかにする措置】

遅くとも昭和三五年以降は、もはやハンセン病は隔離政策をとるほどの特別の病気ではなく、「すべての入所者とハンセン病患者についての隔離」は必要性が失われたのだから、厚生省は、その時点で「らい予防法」の改廃に向けた手続を進め、隔離政策の抜本的な変換をする必要があった。少なくとも、すべての入所者に対し、「自由に退所できること」を明らかにする措置をとるべきだった。

【医療体制の制度的欠陥を取り除く措置】

治療が受けられる療養所以外の医療機関は限られ、入院治療が可能だったのは京都大学だけで、入院治療を必要とする患者は療養所に入所せざるを得なかった。これは、薬が保険診療でなかったという制度的欠陥による。厚生省は、療養所外でのハンセン病医療を妨げる制度的欠陥を取り除く措置をとるべきだった。

【偏見を除去するための措置】

ハンセン病政策は、「らい予防法」の存在とともに、患者と元患者への差別・偏見の作出・助長に大きな役割を果たし、多大な苦痛を与え続け、社会復帰を妨げる大きな要因になっている。差別・偏見は「伝染のおそれがある患者を隔離する政策」をとり続ける以上、根本的には解消されない。厚生省は、入所者を自由に退所させても公衆衛生上問題ないことを社会一般にわかる形で明らかにし、社会内の差別・偏見を取り除く措置をとるべきだった。

資料5【外出制限について】

【患者親善の取りやめ】

昭和二八年一〇月一六日、多磨全生園長は、昭和二五年から行われていた栗生楽泉園との患者親善団の交歓について、厚生省医務局長は「患者の療養上不適当と認められるから取り止められたい」と回答し、各療養所長に通知した。職員つきそいの下で行われる親善団の派遣まで厚生省が厳しく制限する場合があったことを示すものである。

【療養所内の高校開校式参加の拒否】

「全患協ニュース」（昭和三〇年一一月一日発行）には、「最近所内高校の開校式に前後して愛生園を訪ねた他の園の入所者が、職員に入園を拒否されて追い帰された。園が発行した正規の外出証明書を持っていたにもかかわらず、行先地が愛生園となっていない理由と『患者が患者に面会することは許可されない』理由で、園を目の前にして引き返さねばならなかった。」との記事がある。

厚生省医務局国立療養所課長は、昭和三一年四月九日付けで、各療養所長に「このような外出は、『らい予防法第一五条』の規定により認められない。なお、規定に適合する外出目的で許可を求めることも予想されるので、十分に検討を加えることはもちろん、入学式や会合に参加するおそれがないことを確認するなど、その取扱には特に慎重を期されたい。」と通知した。

【無断外出への処罰】

熊本簡易裁判所は、昭和三三年三月二八日、菊池恵楓園の入所者を無断外出の罪（「らい予防法」二八条一号）により科料（かりょう）にした。無断外出の期間は約二か月で、「昨年秋農繁期に一時帰省し、家事の手伝いをすませて帰園の途中、『脱走患者一斉検束』の網に引っかかった」とのことである。

国は、無断外出に対する刑罰の適用例がこの一件だけだと主張するが、この事件がもたらした抑止的効果は相当あったと思われる。

【新聞記事「野放しのライ患者」】

昭和三五年一月一一日付の読売新聞に「野放しのライ患者」という記事がでた。

この記事では、多磨全生園に入所していた女性の死体が発見された事件に関連して、「同園の収容患者たちは園の周囲のいけガキにいくつも穴をあけて、無断外出用通用門をつくり、買い物から飲酒、競輪通いまでしており、地元民の心配顔をよそに野放し状態にあることが分かり、問題となっている。」「同園では係員五人を昼夜の別なく巡視させており、禁をおかして外出しようとして発見されるものが毎月一〇人ないし二〇人もいる。周囲には約二メートルの高さでヒイラギのいけガキがあるが、患者はノコギリやナタでカキを破り、係員は修理するヒマもないほどだ。地元民のあいだでは早くから問題となっており、こんな野放し状態ではいつわれわれに感染するかも知れぬと内心おののいている」と記され、厚生省医務局国立療養所課は「無断外出が多いということが本当なら施設、患者に厳重に注意する」と述べたと報じている。

　この記事には、ハンセン病の伝染・発病に関する医学的理解とかけ離れた偏見がよく現れている。記事を読んだ多くの者が抱いたであろう誤解・偏見を考えると、その影響は計り知れない。記事は「らい予防法」一五条や同条の運用状況が忠実に記載されたものであるが、「らい予防法」の外出制限規定の存在が、ハンセン病の伝染に対する一般公衆の恐怖心をあおる結果となった典型例である。

　無断外出を取り締まる物理的な障壁はなくなる傾向にあったが、多くの療養所は、交通の便が極めて悪い「へき地」にあり、外出が困難なところもあった。特に、大島青松園は、療養所の施設以外は何もない瀬戸内海の孤島にあり、療養所の船を利用する以外に島の外に出る手段はなかった。長島愛生園と邑久光明園も、同じような条件で、昭和六三年に本州と架橋されるまでは、島外に出るには船を利用するほかなく、まさに「隔離施設」と呼ぶにふさわしい立地だった。

【厚生大臣の責任】

　「らい予防法」制定当時のハンセン病のまん延は、すでに深刻ではなかった。また、ハンセン病患者の発生も、戦後の混乱期が終わって社会や経済の状態が好転する中で自然に減少していくと見られていた。昭和三〇年に四一二人だった新患者数は、昭和三五年には二五六人となり、著しい減少が見られた。

　「伝染性の患者だけを隔離の対象とすべきこと」は、大正一二年の「第三回国際らい会議」以降、繰り返し提唱された。「国際連盟らい委員会」が昭和六年に発行した「ハンセン病予防の原則」や「ＷＨＯ第一回らい専門委員会報告」では、「強制隔離」政策が「隔離を避けようとする患者を潜伏化させる傾向」があり、「予防に十分な効果をもたらさない」ことがあると指摘した。

　「らい予防法」が制定された当時は、既にプロミンがハンセン病に著しく効果のあることが国の内外で明らかになっていた。昭和二四年以降は、プロミンが日本の療養所に広く普及して、ハンセン病が「不治の悲惨な病気」であるとの考えは、もはやなくなっていた。

　昭和二三年ころからは、経口可能なＤＤＳが少量でプロミンに劣らぬ効果を持つことが明らかになり、「らい予防法」制定の前の年、昭和二七年の「ＷＨＯ第一回らい専門委員会」では、在宅治療の可能性を拡げるものとして高い評価を得ていた。「らい予防法」制定当時、少なくとも、「病型による伝染力の強弱を問わずほとんどすべてのハンセン病患者を対象とする隔離」の必要性は見いだし得ない。昭和三三年の「第七回国際らい会議」（東京）、昭和三四年の「ＷＨＯ第二回らい専門委員会」などの国際会議では、ハンセン病に関する特別法の廃止が繰り返し提唱された。

昭和五〇年代以降、厚生省が、非公式的に「隔離による人権制限」を緩和させたたことは一応評価できるが、「らい予防法」の改廃を含む隔離政策の抜本的な変換は行っていない。厚生省は、「らい予防法」廃止まで、すべての入所者に対して自由に退所できることを明らかにせず、療養所外でのハンセン病医療を妨げる制度的欠陥を取り除くことなく放置し、社会一般にハンセン病患者の隔離を行わないことを明らかにしなかったのだから、相当な措置等をとったといえない。

伝染病の伝ぱと発生の防止を仕事とする厚生省を統括する厚生大臣は、厚生省による「隔離政策の抜本的な変換」や「そのための必要となる相当な措置」をとることなく、「入所者の入所状態をまん然と放置して隔離を継続させ」、ハンセン病が「恐ろしい伝染病」で、患者は「隔離されるべき危険な存在」であるとの社会認識を放置したことの「法的責任」を負う。厚生大臣の公権力の行使たる職務行為に国家賠償法上の違法性がある。

厚生大臣は、昭和三五年当時、さきに指摘した事情や、隔離の必要性を判断するのに必要な医学的知見・情報を十分に得ていたか、容易に得ることができたし、ハンセン病患者や元患者への差別・偏見についても、容易に知ることが可能だったのだから、厚生大臣に過失があることを優に認めることができる。

【国会議員の責任】

国は、「日本らい学会等のハンセン病に関する専門家が、予防措置は不要であると提言をしたのは平成七年なのだから、それ以前に、国会議員が法廃止の必要性を判断できなかったとしてもやむを得なかった」と主張するが、日本のハンセン病に関する専門家が、平成七年まで「らい予防法」の隔離規定を積極的に支持していたとは到底考えられない。

「らいの現状に対する考え方」（昭和三九年）だけでなく、長島愛生園長T氏監修による「らい医学の手引き」（昭和四五年）にも、「絶対隔離政策はまさにナンセンスであり、（中略）らいが不治でなく、変形は単なる後遺症にすぎず、病型によっては伝染の恐れが全くないばかりか、乳幼児期に感染しないかぎり発病の可能性はきわめて少ないことが明らかな現在では、らい予防法に旧態依然としてうたわれている隔離が、問題視されるのも当然である。」と記されている。

昭和六二年三月には、療養所長連盟が「強制措置の撤廃」などを求める「らい予防法」の改正要請書を提出している。外出制限が徐々に弾力的に運用されるようになったのも、「らい予防法」の隔離規定が日本のハンセン病専門家の支持を失っていたことの現れである。

プロミンによってハンセン病が「治せる病気」になっていたことは、「らい予防法」制定までの国会審議で明らかにされていた上、国際会議の動向は、国会議員も、みずから、または厚生省を通じて調査すれば十分に知ることができ、遅くとも昭和三九年には厚生省公衆衛生局結核予防課がまとめた「らいの現状に対する考え方」などから、「らい予防法」が医学的根拠を欠いていたことが十分に判断できたはずである。国の主張は、失当である。

国会議員には、昭和四〇年以降においても、なお新法の隔離規定を改廃しなかった点に違法があり、国会議員の過失も優にこれを認めることができる。

また、国は、すべての入所者に「らい予防法」の外出許可の根拠があり、外出を認めていたと主張するが、すべての入所者に「らい予防法」の外出許可事由があるなどというのは、「らい予防法」一五条の文言やこれに関する通達などから全くかけ離れた解釈で、「らい予防法」廃止以前にそのような認識が療養所関係者にあったとは認められない。外出制限は、昭和五〇年代以降は制限が著しく後退していたが、被告が「らい予防法」廃止までに外出制限の必要性を公式に否定したことは一度もなく、昭和五七年の国会審議でも、厚生大臣と厚生省公衆衛生局長は、隔離政策によるハンセン病患者の人権制限の必要性を否定していない。

「らい予防法」一五条による外出の制限は、法律上当然に加えられているもので、運用が弾力的であるからといって制限を完全に否定することはできないし、違反しても処罰されないという保障は、どこにもなかった。外出制限が緩やかに運用されるようになったことは、違法性や過失の判断を左右するものではない。

資料6　【優生手術について】

【療養所における優生手術の実態】

全生病院長は、大正四年から、結婚を許す条件として「ワゼクトミー（精管切除）」を実施しすることが全国の療養所に普及し、昭和一四年までに一〇〇〇人以上の患者に実施された。また、妊娠した女性に「人工妊娠中絶」が実施された。

「国民優生法」（昭和一五年）には、ハンセン病患者への優生手術や人工妊娠中絶の規定はなかったので、優生手術は、昭和二三年の「優生保護法」制定まで法的根拠のないまま行われていた。

「優生保護法」によって、ハンセン病を理由とする優生手術や人工妊娠中絶は、本人と配偶者の同意を得て行われることになった。昭和二四年から平成八年までに行われたハンセン病を理由とする「優生手術」は一四〇〇件以上、「人工妊娠中絶」の数は三〇〇〇件以上になる。

療養所では、ある時期まで「優生手術」を受けることを夫婦舎への入居条件としていた。したがって、入所者は、結婚して通常の夫婦生活を営むために「優生手術」を受けるか、結婚しても夫婦生活を断念するか、どちらかを選ばなくてはならなかった。このことは、平成八年三月二五日の衆議院厚生委員会でも取り上げられ、厚生省保健医療局長は、「半強制的な『優生手術』は昭和三〇年代前半、遅くとも昭和四〇年代以降には行われていないという関係者の共通の認識です。昭和二四年から昭和四〇年までのハンセン病患者と配偶者に対する『優生手術』は、男性二九五件、女性一一四四件、合計一四三九件です。」と答えている。

星塚敬愛園では、昭和六〇年一〇月発行の「入園者五〇年史」に、昭和二八年三月から「ワゼクトミー」を受けなくても夫婦舎に入居できるようになったと記されているが、園長は入所者自治会との協議で、「今後は、ワゼクトミーを夫婦療の入居条件とはしない。ただし、妻が妊娠した場合は夫に断種手術を施すことは当然である。また、女性が妊娠したときは早く申出て、不幸を招かぬよう入園者側も協力してもらいたい」と述べたと記されている。

【優生政策による被害の認定】

「優生政策」に関する国の主張は、「一般に国立療養所において入所者同士が結婚し子どもを持てないのは当然で、『療養所では子供は持てない』とか『ハンセン病患者は子供は持てない』という問題は、入所者に退所の自由があったのかどうかの問題で、優生政策と結び付けるのは論理の飛躍だ」と主張するが、国は、少なくとも、原告の大半が入所した昭和三〇年代以前には、退所を念頭に置かないで患者を隔離していたのである。

患者はいったん入所すると、家族や社会と切り離され、療養所外の生活基盤を失い、退所することがひどく困難な状況に置かれ、多くの入所者が療養所を生涯のすみかとして暮らさざるを得ず、現実に、入所者の大半が退所することなく生涯を療養所で過ごしている。したがって、「国立らい療養所」と一般の国立療養所を同じに見る国の主張はおかしい。

昭和三〇年代まで、優生手術を受けることを夫婦舎への入居の条件としていた療養所があった。これは、事実上「優生手術」を強制する「非人道的取扱い」というほかない。国の主張は、入所者のおかれた状況や優生政策による苦痛を全く理解しないもので、極めて遺憾である。

「優生政策」による被害は、独立した「共通損害」とすることはできないが、「隔離による被害」を評価する上での背景的事情として見ることにする。

資料7【患者作業】

戦前、入所者には身体的に可能である限り患者作業とよばれる労働が割り当てられ、職員の人員不足が恒常化していた当時の療養所の運営を支えていた。戦後になっても、療養所運営は、患者作業に依存するところが大きかった。

新法施行当時の患者作業は治療・看護部門から、給食、配食、清掃、理髪、火葬など、生活全般に及び、中にはハンセン病患者に行わせることが不適当な重労働も含まれていた。新法施行後、患者作業を拒否すれば懲戒処分をするといったような意味での強制はなくなったが、患者作業の放棄は、入所者自身の生活・医療に直結する問題であったことから、多くの入所者はやらざるを得ないというのが実情であった。全患協は、このような患者作業を療養所職員に返上する「作業返還」を続け、長島愛生園では、昭和三八年に屎尿汲取第七種類の作業が、昭和四七年に看護作業が、昭和四八年に火葬、薬配、雑工等一一種類の作業が昭和五〇年に残飯回収、焼却、金工、塵芥集、木工、塗工等の六種類の作業の返還が完了するなど、昭和三六年から昭和五五年までに四一種類の作業返還が行われた。星塚敬愛学園では、昭和四四年一〇月に不自由舎付添作業が返還されるなど、昭和四一年から昭和六〇年四月までに四二種類の患者作業が返還され、大島青松園でも、昭和五〇年二月に看護作業の返還が完了した。なお、Ⅰ証人は、患者作業によって後遺症を残した入所者が多く、「日本の療養所ほど障害の強い患者というのはありません。で、これは、患者さんに聞いてみると、大部分の所で作業によって病気を悪くしたというふうなことを言われておりますので、所内作業というのが、相当日本の患者さんの症状を悪くしたと思っています。」と証言している。また、N証人も、患者作業によって後遺症を残した患者がいることを認めている。

資料8　【療養所以外での治療・療養所の外来治療】

【療養所以外での治療】

「らい予防法」は、療養所以外の医療機関によるハンセン病の治療を禁止していないが、厚生省のハンセン病政策では「伝染させるおそれがある患者」を極めて広く解釈し、未治療のハンセン病患者のほとんどすべてを入所対象としていたから、療養所以外の医療機関がごくわずかだったのは当然である。

抗ハンセン病薬は保険診療の医薬品に含まれていなかった。厚生省公衆衛生局長も、昭和五七年三月一八日の衆議院社会労働委員会において、「らい専門の治療薬は保険の適用になっていないので使えません」と答弁している。

「らい予防法」の下で、療養所以外の医療機関でハンセン病の治療を行っていたのは、京都大学、大阪大学など大学病院や愛知県の外来診療所など数か所で、入院治療が可能だったのは京都大学だけだった。京都大学では、「末梢神経炎」「皮ふ抗酸菌症」などの病名で診断していた。大阪大学は自費診療だった。愛知県の外来診療所は、財団法人藤楓協会の事業として昭和三八年に開設されたが、診療対象は主に元療養所入所者だった。

これらの医療機関でハンセン病の治療が受けられることは、一般にはほとんど知られていなかった。

【療養所の外来治療】

療養所での外来治療は昭和四〇年代から少しずつ行われていた。沖縄愛楽園と宮古南静園を除く療養所では、外来治療患者数と新規入所者数を対比すると、昭和四〇年度から昭和四九年度までは、外来治療だけの患者六八人に対し、新規入所者が五八八人と圧倒的に多い。しかし、昭和五〇年度から昭和五九年度までは、外来治療だけの患者が一一九人で、新規入所者が一五三人、昭和六〇年度から平成八年度までは、外来治療だけの患者が三八人で、新規入所者が六八人となっている。医学的には在宅治療が可能な症例がほとんどであったと思われる昭和五〇年代以降に少なからぬ新規入所者が生じているのは、多くの療養所が交通の便の極めて悪いへき地にあったことが大きい。

資料９【社会的偏見・差別について】

【竜田寮児童通学拒否事件】

竜田寮は、菊池恵楓園に入所する患者が扶養していた児童のための附属児童福祉施設で、昭和二九年四月から一般の小学校への通学が認められるようになった。ところが、入学式当日、一部の保護者が、竜田寮の新一年生の通学に反対し、小学校の校門に立ちふさがり、「らいびょうのこどもといっしょにべんきょうせぬよう、しばらくがっこうをやすみましょう」と書かれたポスターを貼り、児童の登校を阻止した。昭和三〇年四月、熊本商科大学長が里親となって児童を引き取り、そこから通学させる形で決着するまで、通学反対派と療養所・入所者側が激しく対立して紛糾した。

【バスの運行拒否】

長島愛生園の一団体が、昭和四七年四月にバス会社に配車を依頼したところ、一度は了解したバス会社が、三日前になって、組合が消毒などを問題としていることを理由にして断ってきた。

同じ様なことは、昭和四五年五月に大島青松園でも起こり、入所者の団体旅行のため貸切バスを申し込んだところ伝染のおそれを理由に断られた。結局、バスは配車されたが、昭和五三年以降は、貸切観光バスの利用はなくなった。

【心中事件】

昭和二五年九月一日、熊本県で、ハンセン病患者の父を抱えた息子が、将来を悲観して、父を銃殺した上で、自殺するという事件が起こった。

昭和二六年一月二九日、山梨県で、ハンセン病患者を抱える家族九人の心中事件が起こった。保健所にハンセン病患者発見との報告があり、消毒の準備をしていた矢先だった。

昭和五六年一二月ころ、秋田県で、軽い皮ふ病をハンセン病と思い込み、二人の子供を絞殺し、自分も自殺を図って未遂に終わった。

昭和五八年一月、香川県で、自分と娘がハンセン病にかかっていると思いこんだ女性が、娘をガス中毒で死なせ、自分も自殺を図って未遂に終わった。

プロミン治療が登場した後に、このような痛ましい事件が絶えないのは、いかにハンセン病が医学的な意味を超えて恐れられていたかを示すものである。とりわけ、後の二件は、すでに「多剤併用療法」が登場していたころで、ハンセン病に関する誤った認識がいかに根深いものだったかを示し、「ハンセン病にかかった」と思っても、社会的な差別・偏見を恐れて、隔離されることを悲観して、気軽に病院や療養所にも行けない実情があることを示すものである。

【園名】

入所時に園名を付けられた者が少なくない。平成八年、九州の五つの療養所在園者へのアンケートによれば、約四五・六%が園名の経験を持ち、約三一・一%が現在でも使用しているという。本件訴訟でも、本名を明らかにすることをためらう原告が多い。園名の由来は、家族に差別・偏見が及ぶのを防ぐことのほか、これまでの人生と決別させるという心理的な意味合いがあったことも想像される。園名は、常に療養所から強制されたとはいえないが、多くの者が使わざるを得ないこと自体、ハンセン病患者や家族に対する極めて強い差別・偏見の存在をうかがわせる。

【厚生大臣の責任】

厚生大臣は、平成八年に「らい予防法」廃止の提案理由を説明した時、「旧来の疾病像を反映した『らい予防法』が存在し続けたことが、結果としてハンセン病患者、その家族の方々の尊厳を傷つけ、多くの苦しみを与えてきたことを、まことに遺憾とし、行政としても陳謝の念と深い反省の意を表する」と述べている。

衆参両厚生委員会も、「廃止法」の審議の際の附帯決議に、「『らい予防法』の見直しが遅れ、放置されてきたことなどにより、長年にわたってハンセン病患者・家族の方々の尊厳を傷つけ、多くの痛みと苦しみを与えてきたことについて、本案の議決に際し、深く遺憾の意を表する。」としている。

「らい予防法」（昭和二八年）には、「患者の入所措置（六条）」「外出制限（一五条、二八条）」「従業禁止（七条）」「汚染場所の消毒　物件の消毒・廃棄・移動の制限（八条、九条、一八条）」等の規定がある反面、「退所」の規定がない。

「らい予防法」の存在は、ハンセン病に対する差別・偏見の作出・助長・維持に大きな役割を果たした。「らい予防法」が存在する以上、人々がハンセン病を「強烈な伝染病」と誤解し、「ハンセン病患者と接触を持ちたくない」と考えるのは、無理はない。法律が存在し続けたことの意味は重大である。

資料10【裁判所の見解】

【他に比類のないような極めて重大な自由の制限】

ある法律が違憲であっても、直ちに、これを制定した国会議員の立法行為や改廃しなかった立法不作為が国家賠償法上違法となるのではない。立法行為が国家賠償法上違法と評価されるのは「容易に想定し難いような極めて特殊で例外的な場合」に限られる（最高裁昭和六〇年一一月二一日判決）。「らい予防法」の隔離規定は、「患者の隔離」という「他に比類のないような極めて重大な自由の制限」を課しているから、この特殊で例外的な場合に当たる。

【隔離による被害】

原告は、本件の「共通損害」を「社会の中で平穏に生活する権利」と表現するが、「財産的損害」は一定の共通性を見いだすことは難しい。また、「断種」「堕胎」「治療機会の喪失」「患者作業による後遺症の発生」などの身体的損害も、原告による差が著しいために、「共通損害」の対象にはできない。これに対して、原告が「社会の中で平穏に生活する権利」の主要なものとする「隔離による被害」は、「入所時期」「入所期間」が異なり、時期によって大きな差があるものの、時期を特定すれば、一定の共通性を見ることが可能である。より被害の小さいケースで控え目に算定すれば被告に不利益を及ぼさない。原告は、いずれも、隔離の必要性が失われた昭和三五年以降に入所し、「らい予防法」一五条による自由の制約下に置かれていた点では共通するから、これを「共通損害」とする。

【社会的差別・偏見】

原告は、社会から差別・偏見を受けた精神的損害を「スティグマによる被害（烙印付け被害）」として「社会の中で平穏に生活する権利」に含ませている。この点は、「ハンセン病への誤った社会認識（偏見）に置かれてきたことによる精神的損害」として一定の「共通性」を見ることができる。

個々の内容は、「発病以来ずっと入所し、差別偏見を恐れてほとんど外出をしなかった者」「退所し、周囲の者に元入所者であることをひた隠しにしてきた者」「故郷に帰って周囲から激しい差別・偏見にさらされてきた者」「後遺症のために元入所者であることを隠せず、病毒を有しているように誤解されてきた者」などと様々だが、差異を念頭に置いて控え目に損害額を算定すれば「共通損害」としてとらえることができる。

ハンセン病に対する社会的な差別・偏見は、古来より存在していたもので、被告の行為のみによって生じたものではないことも、慰謝料算定上は十分考慮する。

【結論】

①共通損害の承認　原告の被害は極めて深刻だが、これまでに例を見ない極めて特殊で大規模な損害賠償請求訴訟で、被害は、短い者でも昭和四八年から「らい予防法」廃止ころまでの二三年間という長期間にわたる。内容も、「身体」「財産」「名誉」「信用」「家族関係」など、社会生活全般におよぶので、一つ一つに立証を求たのでは訴訟が大きく遅れ、真の権利救済は望めない。そこで、原告が主張する被害から一定の「共通性」を見いだせるものを包括して賠償対象とする。

②包括的被害　「隔離による被害」は入所者だけに認められるが、退所を妨げる原因は法的制約だけでなく「社会内の差別・偏見の存在」も大きい。特に、退所の制限が緩やかになった昭和五〇年代以降では後者の要因が中心なのだから、二つの「共通損害」を別々に評価せず、包括して「社会内で平穏に生活することを妨げられた被害」とするのが妥当である。

③慰謝料　昭和三五年以前に入所し、退所を経験していない原告は一四〇〇万円。昭和三五年以前に入所し、退所を経験している原告は、一四〇〇万円から八〇〇万円。昭和三六年から昭和三七年までに入所し、昭和四九年以前に退所を経験していない者は一二〇〇万円。昭和四三年から昭和四五年までに入所した者は一〇〇〇万円。昭和四八年に入所した者は八〇〇万円。弁護士費用は、各原告につき慰謝料額の一割とする。

④沖縄・奄美の原告についての算定

戦後、米国統治下にあった沖縄では、形式的には「癩予防法」（旧法）が存続し、隔離政策が継続されたが、昭和三六年八月二六日に「ハンセン氏病予防法」が公布施行された。法律には「退所又は退院」（七条）と「在宅治療制度」（八条）の規定がある以外は、「らい予防法」とほぼ同内容だった。

昭和四七年五月一五日の沖縄の本土復帰により、沖縄にも「らい予防法」が適用されたが、復帰前の沖縄のハンセン病政策は、本土のハンセン病政策とは異なる経過をたどった。隔離規定の運用状況や退所許可の実情等については証拠上で明らかでなく、本土復帰前の沖縄における被害を本土と同一視するだけの立証がつくされていないので、原告三名の本土復帰前の被害は個別損害として本件訴訟の賠償対象とはせず、本土復帰後の被害のみを賠償の対象とする。

損害額については、慰謝料を八〇〇万円とし、弁護士費用を八〇万円とする。

⑤補足説明　本件で慰謝料額が最高でも一四〇〇万円にとどまっている理由は、原告が選択した「包括一律請求」によるほか、「らい予防法」廃止前の国による処遇改善努力や「らい予防法」廃止後の処遇の維持・継続を十分に評価した結果である。したがって、本判決は「廃止法」による処遇の在り方を左右するような法的根拠となるものでない。

資料11【ワークシート】

裁判所による「らい予防法」の評価

（1）日本国憲法の第二二条一項は、「何人も、公共の福祉に反しない限り、（居住、移転）の自由を有する」と規定している。「（居住・移転）の自由」は経済的自由の一つであるとともに、「奴隷的拘束等の禁止」を定めた憲法第一八条よりも広い意味での「（人身）の自由」の側面を持つ。（自己）の選択するところに従って社会の様々な事物に触れ、人と接し、（Aコミュニケート）することは、人が人として生存する上で決定的重要性を有することで、「（居住・移転）の自由」は、これに不可欠である。

「らい予防法」は、伝染させるおそれがある患者の「隔離」を規定しているが、いうまでもなく、この「（居住・移転）の自由」を制限するものである。

（2）ハンセン病患者の隔離は、ふつう、きわめて長期間にわたるが、たとえ数年程度に終わる場合でも、その患者の（人生）に決定的に重大な影響を与える。

ある者は（学業）の中断を余儀なくされ、ある者は（職）を失い、あるいは思いえがいていた（職）業につく機会を奪われ、ある者は、（結婚）し、（家庭）を築き、（B子どもを産み育てる）機会を失い、（C家族との触れ合い）の中で人生を送ることを著しく制限される。人として当然に持っているはずの「（D人生のありとあらゆる発展可能性）」が大きく損なわれ、その（人権）の制限は、人としての社会生活のすべてにわたる。

このような人権制限の実態は、単に「（居住・移転の自由）」の制限というだけでは正しく評価できず、より広く憲法一三条から導かれる（人格）権に対するものと理解するのが妥当である。

（3）これらの（人権）も、全く無制限のものではなく、公共の福祉による合理的な制限を受ける。しかし、隔離がもたらす影響の重大性を考えて、（人権）の制限には最大限の慎重さでのぞむべきで、「伝染予防のために患者の隔離以外に適当な方法がない」場合で、しかも、「極めて限られた特殊な疾病」にだけ許されるべきである。

（4）「らい予防法」制定当時は、プロミンの登場でハンセン病が十分に治療可能な病気となっていた。「らい予防法」の隔離規定は、制定当時から予防上の必要を超えて過度に人権を制限し、公共の福祉による合理的な制限を逸脱していた。特に、昭和三〇年代前半には、プロミンなどのスルフォン剤への国内外での評価が確定的になり、日本において進行性の重症患者が激減し、昭和三〇年から昭和三五年にかけて新発見患者数の顕著な減少が見られた。昭和三一年の「ローマ会議」、昭和三三年の「第七回国際らい会議（東京）」、昭和三四年の「WHO第二回らい専門委員会」などの国際会議からすれば、遅くとも昭和三五年には「らい予防法」の隔離規定の合理性は根拠を全く欠き、（違憲）性は明白となっていた。

共通損害（争点三）裁判所の判断

（5）原告の被害は極めて深刻だが、これまでに例を見ない極めて特殊で大規模な損害賠償請求訴訟で、被害は、短い者でも昭和四八年から「らい予防法」廃止ころまでの二三年間という長期間にわたる。内容も、「身体」「財産」「名誉」「信用」「家族関係」など、社会生活全般におよぶから、一つ一つに立証を求めたのでは訴訟が大きく遅れ、真の権利救済は望めないから、原告が主張する被害から一定の「共通性」を見いだせるものを包括して賠償対象とする。

（6）原告は、本件の「共通損害」を（E社会の中で平穏に生活する権利）と表現する。このうち、「財産的損害」は一定の共通性を見ることは難しく、「（断種）」「（堕胎）」「治療機会の喪失」「（患者作業）による後遺症の発生」などの身体的損害も、原告による差が著しいために、「共通損害」の対象にはできない。原告が（E社会の中で平穏に生活する権利）の主要なものとする「（隔離）による被害」は、入所時期と入所期間に大きな差があるものの、時期を特定すれば一定の共通性を見ることができる。

（7）社会から差別・偏見を受けた精神的損害は、「ハンセン病への誤った社会認識（偏見）に置かれてきたことによる（精神）的損害」として一定の共通性を見ることができる。

（8）隔離による被害は入所者だけに認められるが、退所を妨げる原因は法的制約だけでなく、社会内の（差別・偏見）の存在も大きい。特に、退所の制限が緩やかになった昭和五〇年代以降では後者の要因が中心なのだから、二つの「共通損害」を包括して「（E社会内で平穏に生活すること）を妨げられた被害」とする。

（9）国は、少なくとも、昭和三〇年代以前は、退所を念頭に置かないで患者を隔離していた。患者はいったん入所すると、（家族）や（社会）と切り離され、療養所外の生活基盤を失い、退所することがひどく困難な状況に置かれ、多くの入所者が療養所を生涯のすみかとして暮らさざるを得ず、現実に、入所者の大半が退所することなく生涯を療養所で過ごしているのだから、「国立らい療養所」と「一般の国立療養所」を同じに見る国の主張はおかしい。昭和三〇年代まで、優生手術を受けることを夫婦舎への入居の条件としていた療養所があったことは事実上「優生手術」を強制する「（非人道的）」取扱いというほかない。

資料12
高松宮記念ハンセン病資料館を訪ねる

高松宮記念ハンセン病資料館
189－0001
東京都東村山市青葉町4－1－3
TEL：042(396)2909
FAX：042(396)2981
http://www.hansen-dis.or.jp/
入場料＝無料
開館時間＝午後1時より4時まで
休館日＝毎週月、金曜および祝祭日

高松宮記念ハンセン病資料館は、ハンセン病に関する啓蒙を目的に設立された財団法人藤楓協会によって、協会の創立四〇周年記念事業として平成五年六月二五日に開館した。資料館は国立ハンセン病療養所多磨全生園に隣接して清瀬駅、久米川駅、所沢駅からバス路線がある。

資料館名に高松宮記念と付されているのは、貞明皇后の意志をついで昭和二七年に設立された藤楓協会の総裁に高松宮宣仁が迎えられたことによる。本書コラムでも取り上げた『藤楓文芸』の名はここに由来する。大正天皇の貞明皇后節子はハンセン病医療のために多額の下賜を継続的に行い癩予防協会の設立(昭和六年)にも尽力した。皇后には「つれつれの友となりてもなくさめよ行くことかたきわれにかはりて」の歌がある。

現在の資料館館長は判決文資料でも紹介した大谷藤郎氏である。氏は「人権資料館として広く役立つ存在になることが過去九十年にわたる苦難の歴史に償い報いる所以である」と述べる。大谷氏にはハンセン病政策を転換させる契機の一つになった著書『現代のスティグマ』(勁草書房、一九九三年)がある。

資料館の正面入り口右手には、母子遍路像がある。二つの説明版には、江戸時代以来、ハンセン病者の多くが遍路となって四国へ渡ったことや病気を知られず迫害から家族を守るには遍路にならざるを得なかったこと、四国にはお遍路を暖かく持て成す「お接待」の風習があり、ハンセン病回復者の中には入院前に四国遍路を経験した人が少なくないこと、などの説明がある。

二階の展示場では、ハンセン病の医学的説明やハンセン病政策の歴史、などが写真やレプリカを使ってわかりやすく説明されている。ホームページにも簡単な内容紹介があるので児童・生徒の調べ学習に活用できる。まずは直接資料館に出向き、時間をかけて学習することをすすめたい。

次頁からの写真は、ハンセン病資料館に本書への掲載をお許しいただいたものである。

▼母子遍路像

▼ 全国のハンセン病療養所

※(　　)内の数字は平成13年2月現在の入所者数

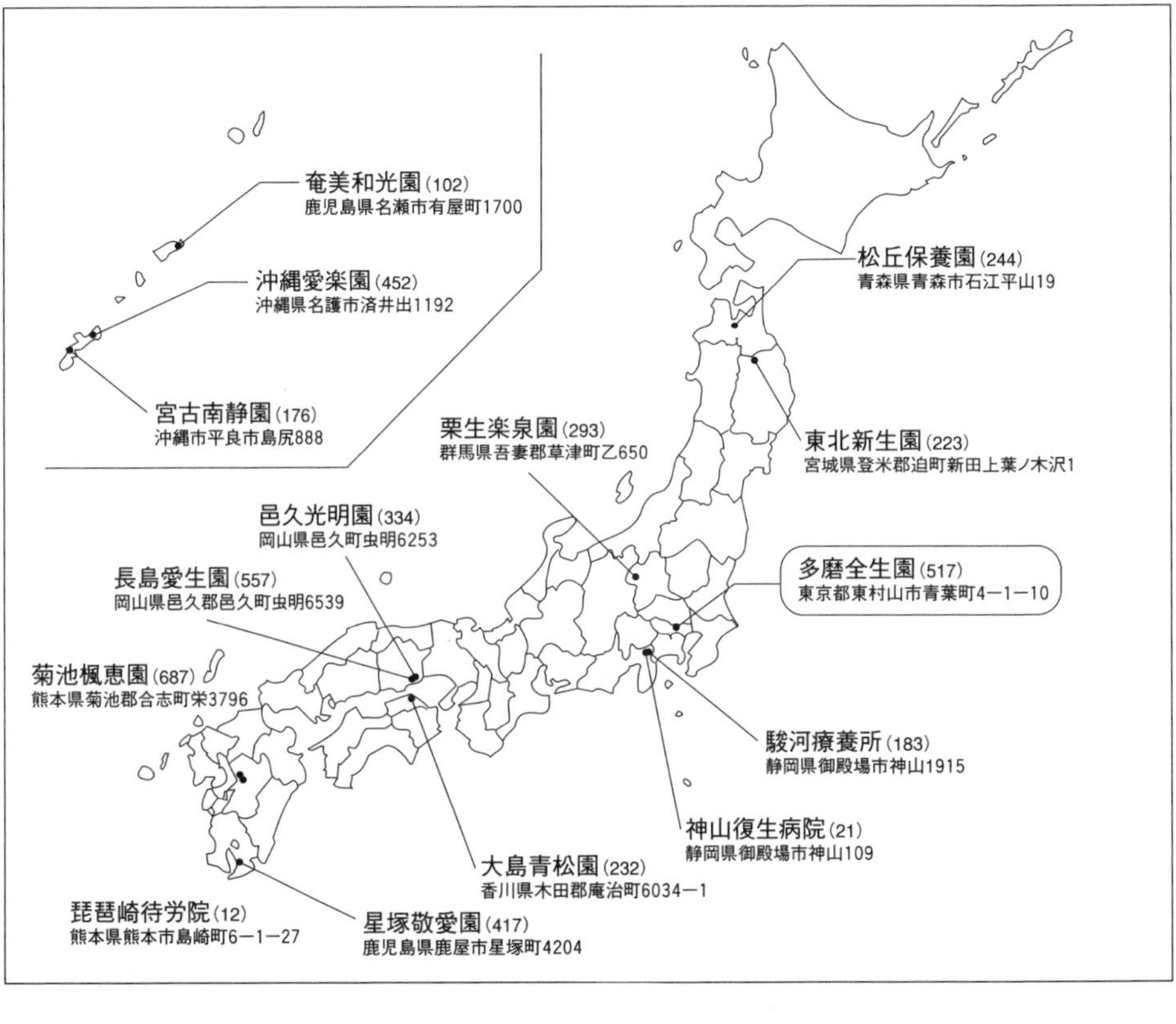

▼早期のハンセン病の皮疹(類結核型)

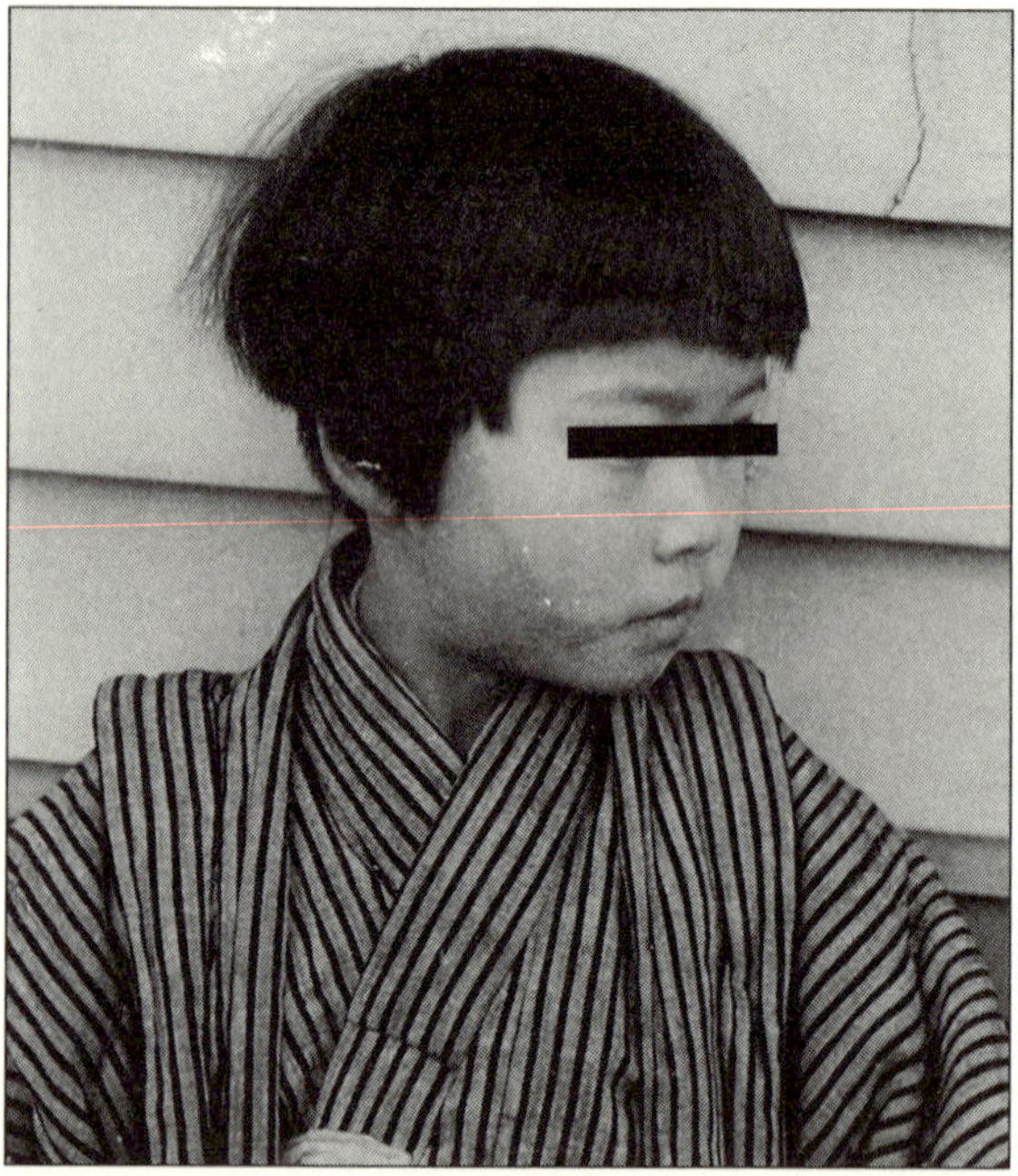

■これほど早期で軽ければ、昔であっても隔離の必要はなかっただろうし、自然に軽快する可能性も多分大きかった。ここに連れてこられたときは、女の子らしい着物姿で来たのだろうが、貧しいうどん縞の着物に着せ換えられている。勝気そうな感じの子だが、肉親から引き離された運命を解しかね、どことなく淋しさのただよう様子が哀れである。

▼本妙寺癩部落の強制収容(熊本市・昭和15年)

▼誰でもかまわず道ばたでつかまえ、病者かどうか、裸にして体を調べた

▼泣けど叫べど容赦せず、強制収容に抗議して、自殺した人もいたといわれている

▼再現された12畳半1室8人が定員の頃の雑居部屋

■この部屋4室で1舎（棟）というのが代表的な居住様式であった。夜には火鉢、机も縁側に出さないと布団を敷くことができなかった。再現された家具・畳・小物などは実際に多磨全生園で使われていた。

▼身延河原の掘っ建て小屋（身延深敬園）

■熊本の本妙寺や四国の金刀比羅宮などと同様、山梨県の身延山久遠寺にも大勢のハンセン病患者が集っていた。彼らは参道に居並び、物乞いをして生活の糧とするものが多く、そして河原に掘っ建て小屋を建てて住んでいた。その頃、身延山経堂の向拝には「悪しき病の者登るべからず」と書かれていた。しかも取締りと称して時々、警察によって河原の「乞食小屋」は焼き払われ、追い立てられた。しかし、どこへ行けというのか、彼らにはどこへも行く当てはなかった。

■患者たちを強制的に収容し、一般社会から隔離することによって、感染を防ぐだけでなく、むしろ患者全てが死に絶えることを以て唯一の解決方法としていた。逃走を防止するため、お金のかわりに遣わされた園内通用券や、残された「逃走関係綴」やその手配書ともいうべき「各療養所ニ関スル諸綴」など、療養所の本質をよく伝えている。

▼逃走患者名簿・諸綴り

▼園(院)内通用券（多磨全生園）

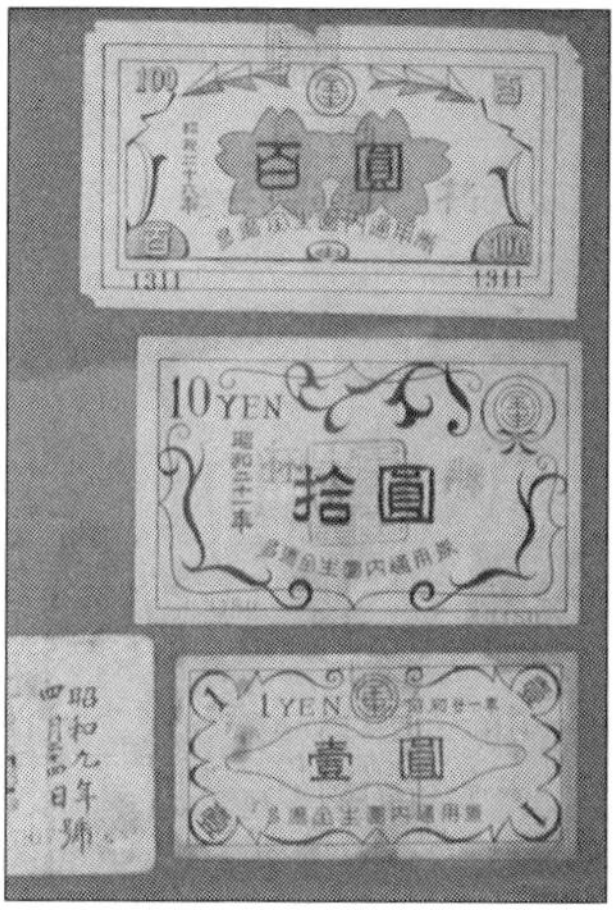

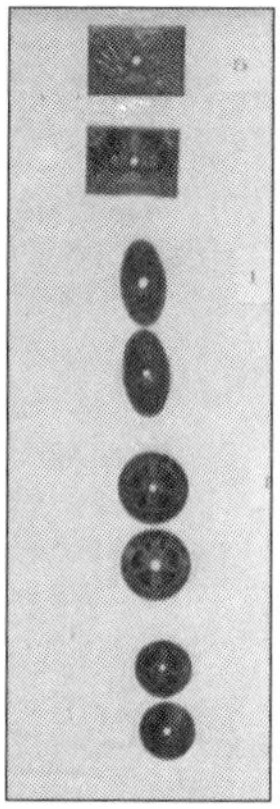

▼患者専用警察留置所の扉と鉄格子

▼大風子油

▼大風子油注射器

▼大風子油注射（多磨全生園）

▼右側はTR（治らい薬）治療前、左側が治療後

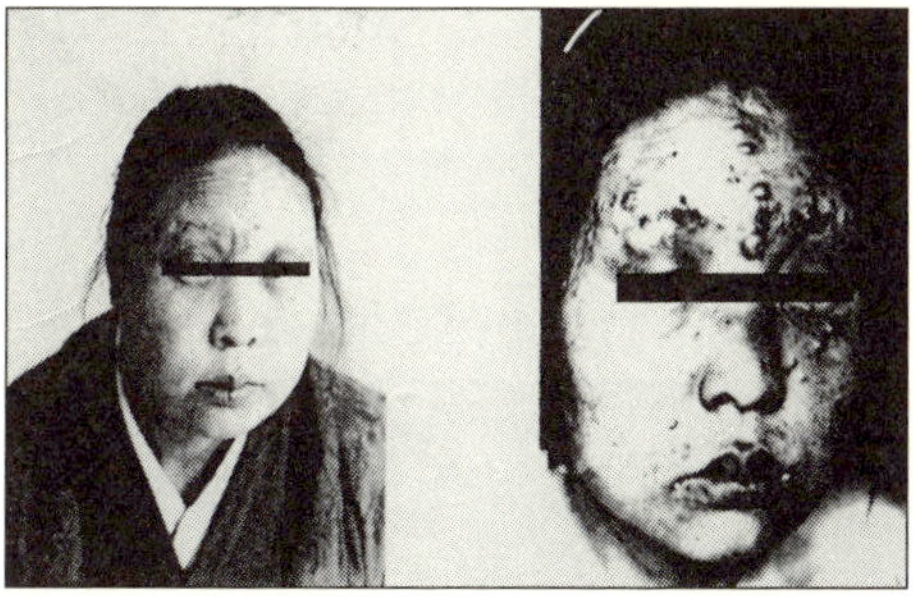

▼診療所で治療（昭和9年頃）（目黒慰廃園）

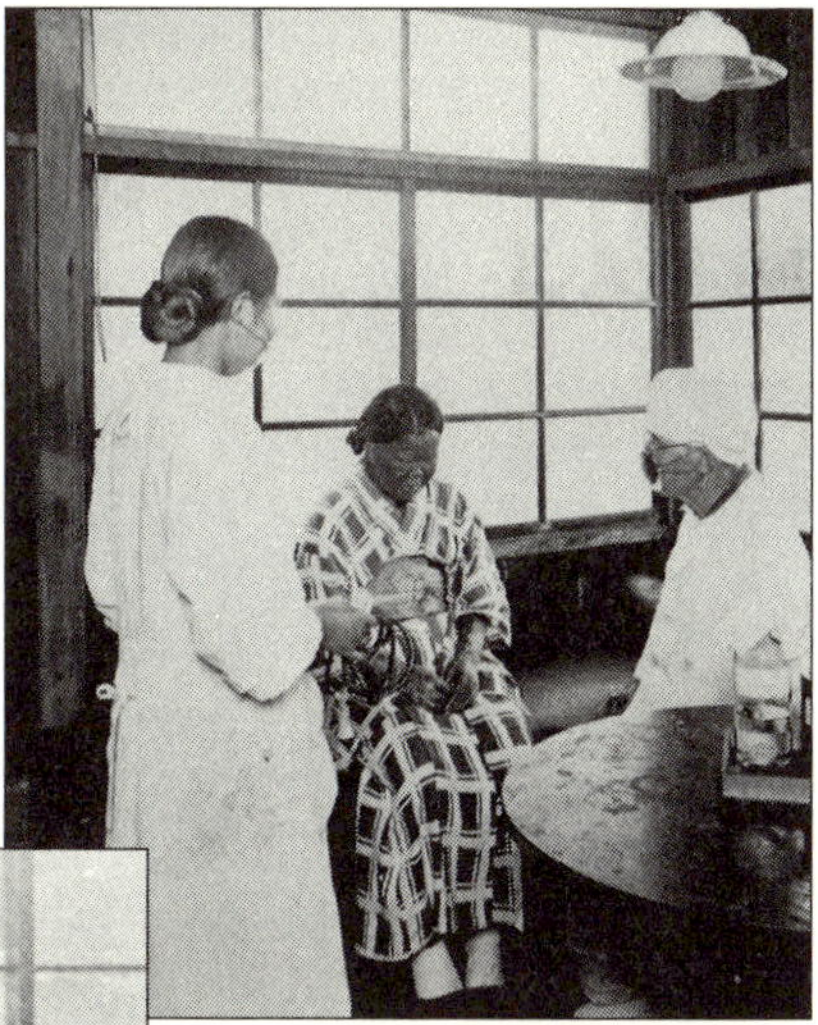

▼外科手術（菊池恵楓園）

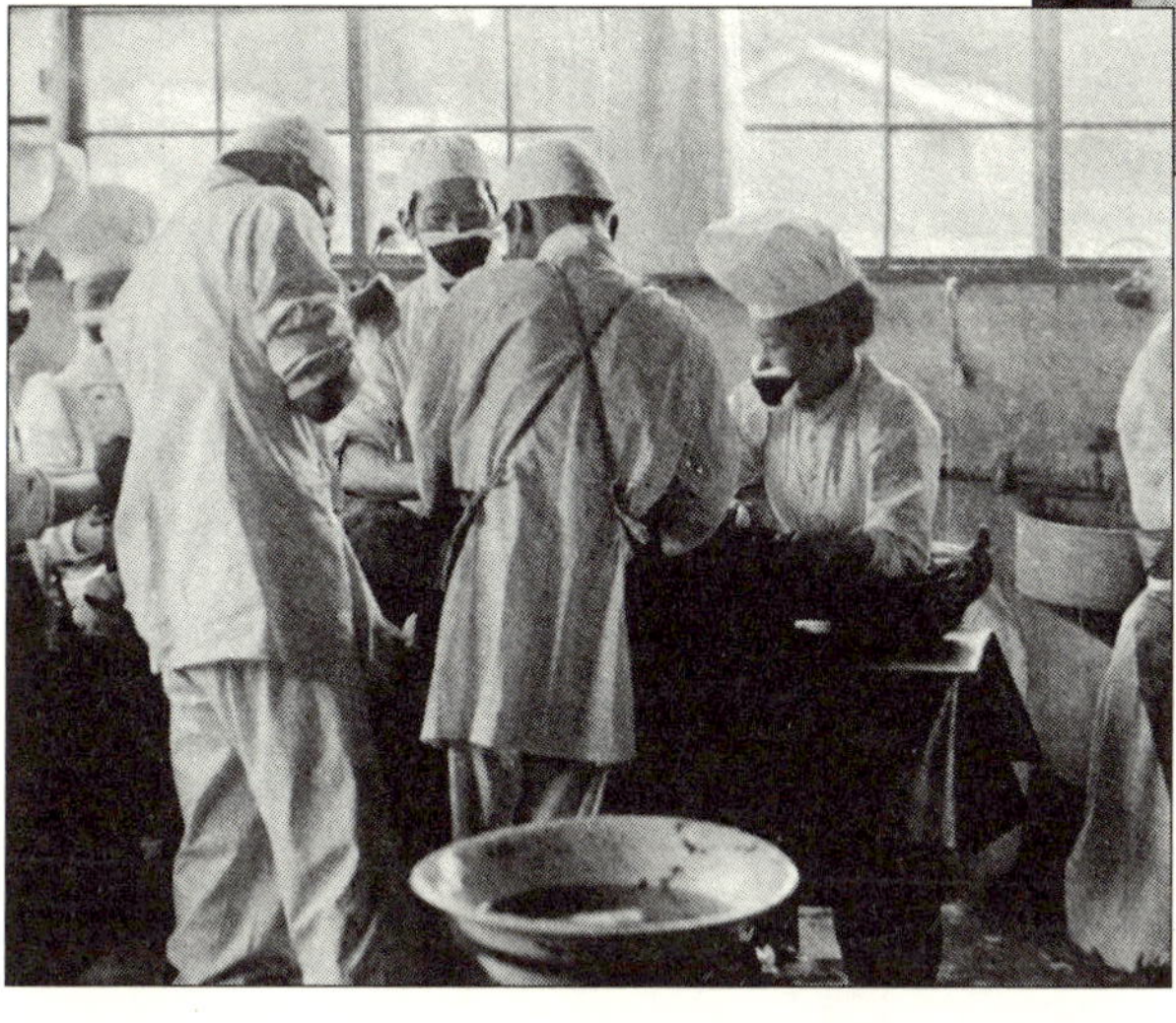

▼レプロミン抗原

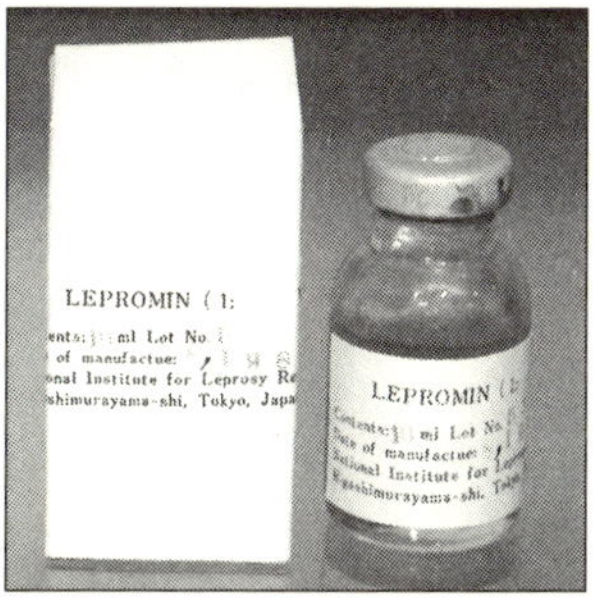

▼プロミン

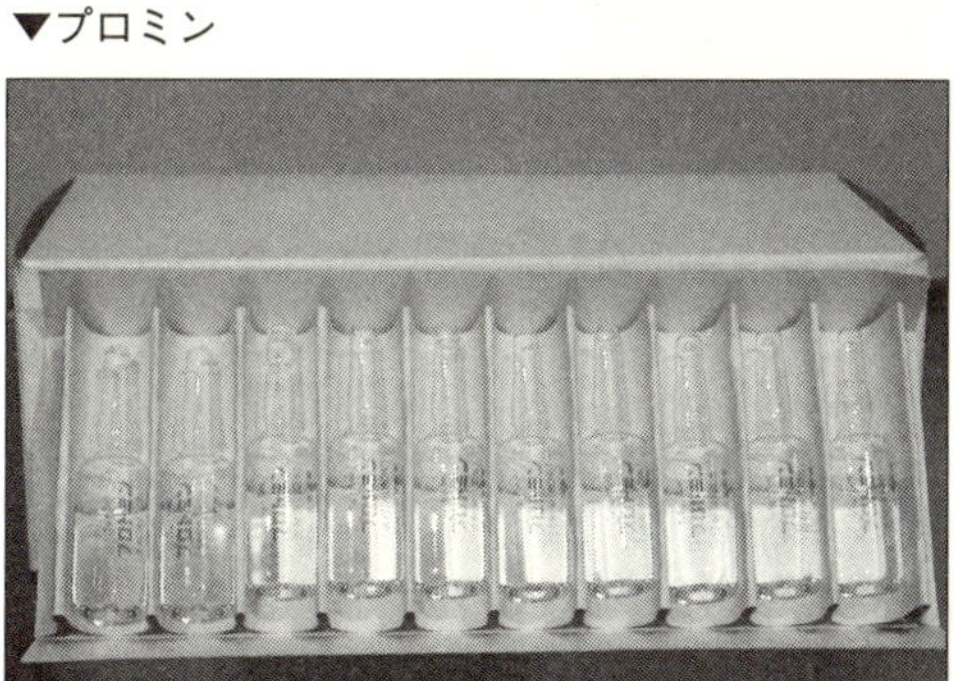

▼ハンセン病の血清診断薬

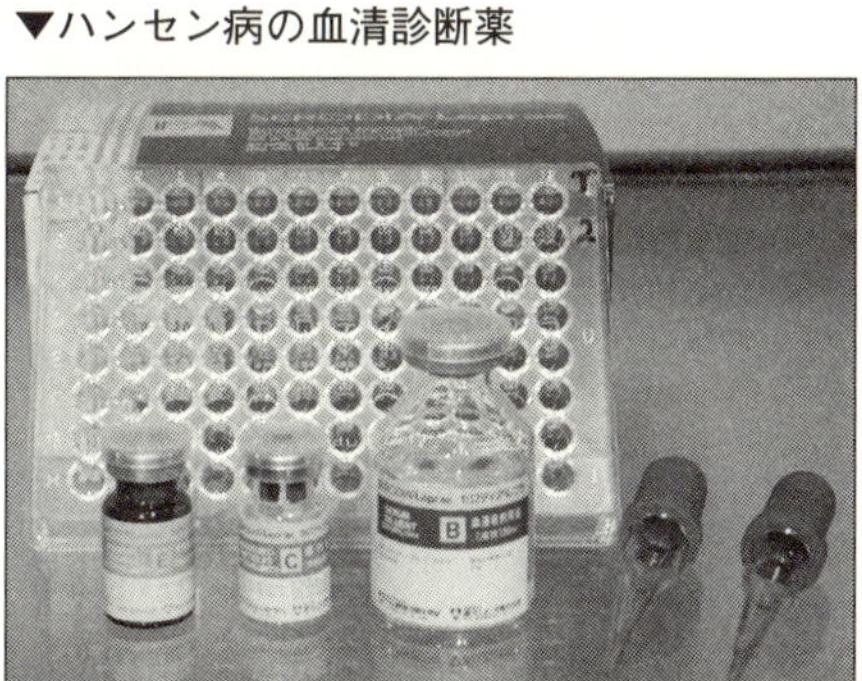

■患者作業が病院運営の大きな部分を背負っていた。病室・不自由者の付添（看護）をはじめ外科手伝い、風呂番、糞尿・ごみ処理、実験用動物飼育、大工、左官、火葬等、あらゆる労働を背負い、その収益を現金収入のない重症者の救済資金にしていた。作業賃は一日働いても煙草銭程度で、しかも営繕費や賄い費や医療費から捻出され、働けば働く程生活を低下させ、そのタコ足制度は戦後まで続いた。

▼療舎地区南側の沼を養鯉場とし、鯉の養殖場が行われた（昭和33年頃）（松丘保養園）

▼石材運搬作業（大正時代）

資料13【年表】

年代	ハンセン病に関する主なできごと	主なできごと
一八七三（明治六）	アルマウェル・ハンセンがらい菌を発見	
一八八九（明治二二）	テストウィード神父らが中心となり、日本初の私設ハンセン病療養所、神山復生病院（静岡県御殿場市）を設立する。以降、慰廃園（東京一八九四）、回春病院（熊本一八九五）、待労院（熊本一八九八）が設立された。	大日本帝国憲法
一八九四（明治二七）		日清戦争
一八九七（明治三〇）	第一回国際らい会議（ドイツ・ベルリン）日本から北里柴三郎、土肥慶三が出席	
一九〇〇（明治三三）	内務省が第一回らい患者数調査を行う。結果三万三五九人	
一九〇二（明治三五）	帝国議会に「癩病者取締ニ関スル建議案」が提出（会期切れ廃案）	
一九〇四（明治三七）		日露戦争
一九〇七（明治四〇）	癩（らい）予防ニ関スル件」が制定／内務省二〇〇〇人の浮浪患者を収容する方針を決定／内務省「道府県らい療養所設置区域」を決定。	
一九〇九（明治四二）	第二回国際らい会議（ノルウェー・ベルゲン）開催	
一九一〇（明治四三）		韓国を併合
一九一二（明治四五）	アルマウェル・ハンセンが死去	
一九一四（大正三）		第一次世界大戦
一九一六（大正五）	「癩（らい）予防ニ関スル件」の一部改正	
一九一九（大正八）	政府調査ハンセン病患者数約一万六二六一人、療養所の収容患者数一四九一人	
一九二二（大正一一）		全国水平社設立
一九二三（大正一二）	第三回国際らい会議（フランス・ストラスブール）開催	関東大震災
一九二五（大正一四）	衛生局予防課長は「民族浄化のために」という論考を発表	治安維持法

一九二八（昭和三）	第一回日本らい学会が開催（東京）以後、毎年一回開催	普通選挙法
一九二九（昭和四）	北部保養院大火。強風で三七棟全焼 「無らい県運動」が愛知の民間運動として起こり、岡山県、山口県などでも始まる。（昭和一一年ころからは、この運動により、全国的に強制的な収容が徹底され、強化され、ハンセン病の患者を次々と療養所に入所させた。）	世界大恐慌
一九三〇（昭和五）	国際連盟らい委員会（タイ・バンコク） 日本最初の国立療養所、長島愛生園が瀬戸内海の小島に開設される。（園長 光田健輔） 内務省衛生局による「らいの根絶策」発表	
一九三一（昭和六）	「癩（らい）予防法」（旧法）成立	満州事変
一九三二（昭和七）	群馬県草津に国立療養所、栗生楽泉園開設	五・一五事件
一九三三（昭和八）	沖縄県に国立宮古療養所開設	国際連盟脱退
一九三四（昭和九）	室戸台風の影響より、外島保養園が高潮に襲われる。 ※患者一七三名、職員三名、同家族一一名死去。生存者四一六名は復興まで各療養所に分散委託される。 小笠原登、「らいの極悪性の本質に就て」論文発表	
一九三五（昭和一〇）	二〇年根絶計画の実施決定 鹿児島県鹿屋に国立療養所星塚敬愛園開設	
一九三六（昭和一一）	長島愛生園で待遇改善と自治制度の確立を要求して長島事件発生（愛生園事件） Oさん入所（一〇歳）	二・二六事件
一九三七（昭和一二）		日中戦争
一九三八（昭和一三）	第四回国際らい会議（エジプト・カイロ）開催 沖縄県屋我地に国立療養所国頭愛楽園（現沖縄愛楽園）開設	国家総動員法
一九三九（昭和一四）	宮城県に国立療養所東北新生園開設 栗生楽泉園内に特別病室設置	第二次世界大戦
一九四〇（昭和一五）	国民優生法成立 熊本県本妙寺らい集落に対し県警強制執行	日独伊三国同盟 大政翼賛会

一九四一（昭和一六）	Aさん入所（一三歳） 回春病院が解散、入院患者は五八名は、菊池恵楓園へ移る。 草津湯の沢集落が栗生楽泉園に移転、解散式挙行（当時一八二世帯、五七四名） 公立療養所が国立療養所へ移管（松丘保養園、多磨全生園、邑久光明園、大島青松園、菊池恵楓園）	太平洋戦争
一九四二（昭和一七）	目黒慰廃園が解散。入院患者五五名は、多磨全生園へ移る。 Gさん入所（一四歳）	
一九四三（昭和一八）	アメリカでプロミンを使った治療がはじまる。	学徒出陣
一九四四（昭和一九）	第一六回日本らい学会、紙上学会となる。	
一九四五（昭和二〇）	各療養所で自治会誕生（あるいは再建） 駿河療養所（静岡県）が開設	ドイツ無条件降伏 広島・長崎に原爆投下 日本無条件降伏
一九四六（昭和二一）	衆議院議員補欠選挙で入所患者がはじめて選挙権を行使 第二回汎アメリカらい会議（リオデジャネイロ）	日本国憲法公布
一九四七（昭和二二）	長島愛生園にて入所患者（結節型）一〇名に対しプロミン試薬の実験投与 六・三・三制教育の実施に伴って、各療養所内に中学校が設置 栗生楽泉園で特別病室事件が報道される。 ※厚生省や国会による調査団が派遣され、衆議院厚生委員会で実態が明らかになる。 特別病室事件につき、厚生省調査団が栗生楽泉園に入る。 国会議員調査団が、栗生楽泉園に入る。 プロミン治療開始 ※戦後、「プロミン」による治療で療養所内の菌陰性者が増えて、昭和二三年に二六％だった菌陰性者の割合が、昭和二五年には三七％、昭和三〇年には七四％になり、多くの症状固定者、治癒者がでてきた。	日本国憲法施行 教育基本法発布
一九四八（昭和二三）	日本らい学会開催 ※昭和二三年、昭和二四年の「日本らい学会」で、プロミンの治療効果を認める報告が続いた。 多摩全生園内にプロミン獲得促進委員会が発足	

	優生保護法が公布 第五回国際らい会議（キューバ ハバナ）開催	
一九四九（昭和二四）	Kさん入所（一六歳） 厚生省が大蔵省に要求したプロミン予算六〇〇〇万が一〇〇〇万に減額、以後、各療養所でハンストが開始される。 厚生省がらい絶滅計画を発表する。	北大西洋条約 中華人民共和国成立
一九五〇（昭和二五）	Dさん入所（一六歳） 厚生省「全国らい調査」を実施。結果、患者総数一万二六二六人 入所者数一万一一〇〇人 栗生楽泉園事件発生 Lさん入所（一五歳） 心中事件発生（本書一五〇頁）。	朝鮮戦争
一九五一（昭和二六）	全国国立らい療養所患者協議会（「全患協」）が結成される。 ※「全患協」は「強制収容反対」「退園の法文化」「懲戒検束規定の廃止」などを求めて、療養所でのハンストや陳情団の国会での座り込みなどをして「癩予防法」（旧法）改正運動を展開した。 第二四回日本らい学会 参議院厚生委員会に、「らい小委員会」が設置、三園長から意見聴取を行う。 心中事件発生（本書一五〇頁）。 Eさん入所（二一歳）	サンフランシスコ平和条約 日米安全保障条約
一九五二（昭和二七）	WHO第一回らい専門委員会開催（ブラジル・リオデジャネイロ） 改正優生保護法が施行 多摩全生園内にて自治会が三園長証言への抗議とらい予防法改正の促進を決議 全患協が多磨全生園内に『らい予防法改正促進委員会』を発足 Nさん入所（一一歳）	
一九五三（昭和二八）	政府「癩予防法」改正案国会に提出される。（国会解散により廃案） 全患協が国会へ陳情団を送る。 衆議院にて法案審議が開始。全患協陳情団が国会前に座り込みを決行	

	「らい予防法」法案衆議院通過 「らい予防法」法案参議院通過（九項目の付帯決議） 「らい予防法」公布 第6回国際らい会議（スペイン・マドリッド）開催 多磨全生園長、患者親善団の交歓の取りやめを各療養所長に通知する。 奄美群島が日本復帰に伴い国立療養所和光園が開設	
一九五四（昭和二九）	Bさん入所（三一歳） 竜田寮児童通学拒否事件	米国、ビキニ環礁で水爆実験
一九五五（昭和三〇）	国立らい研究所設立（現国立多摩研究所） 療養所内の高校開校式参加の拒否 ※全患協ニュース（一一月一日発行）には、「最近所内高校の開校式に前後して愛生園を訪ねた他の園の入所者が、職員に入園を拒否されて追い帰された。」との記事が出る。	第一回原水爆禁止世界大会（広島）
一九五六（昭和三一）	マルタ騎士修道会、ローマ国際会議「ハンセン病患者の保護および社会復帰に関する国際会議」が五一ヶ国の代表により開催 「ローマ宣言」採択（開放治療へ）差別法の撤廃と社会復帰の援助を提唱	国際連合に加盟 水俣病公式発見（新日本窒素水俣工場の附属病院長が原因不明の中枢神経疾患の多発を水俣保健所へ届け出る。五月）
一九五七（昭和三二）	Hさん入所（八歳）	朝日訴訟
一九五八（昭和三三）	第七回国際らい会議開催（東京） 熊本簡易裁判所、菊池恵楓園の入居者を無断外出の罪で、科料にする	
一九五九（昭和三四）	全患協、全国国立療養所ハンセン氏病患者協議会へ名称変更 WHO第二回らい専門委員会開催（ジュネーブ「報告書」は昭和三五年） Mさん入所（二四歳）	
一九六〇（昭和三五）	患者同乗列車の消毒問題で全患協が運輸省に対し抗議	日米新安保条約調印

	WHO（世界保健機構）外来治療管理の方向を勧告 新聞記事「野放しのライ患者」掲載 Fさん入所（三一歳）	
一九六一（昭和三六）	琉球政府、WHO方式による外来治療開始 琉球ハンセン氏病予防法成立。沖縄らい予防協会が沖縄ハンセン病予防協会へ名称変更	
一九六二（昭和三七）	全患協「らい予防法研究会」を発足 Jさん入所（一三歳）	
一九六三（昭和三八）	第八回国際らい会議開催（ブラジル リオデジャネイロ） 全患協、大規模な「らい予防法」の改正運動を行い「らい予防法改正要請書」を作成	部分的核実験停止条約
一九六四（昭和三九）	全患協、国会議員と厚生省へ陳情 厚生省生省公衆衛生局結核予防課、「らいの現状に対する考え方」を作成	東海道新幹線開通 東京オリンピック開催
一九六五（昭和四〇）		日韓基本条約
一九六八（昭和四三）	Iさん入所（三九歳）	カネミ油症事件発生 小笠原諸島返還
一九六九（昭和四四）	藤楓協会の企画で各界有識者一五人による「らい調査会」発足	
一九七〇（昭和四五）	長島愛生園の園長が監修した「らい医学の手引き」を発行	万国博覧会（大阪）
一九七一（昭和四六）	リファンビシン治療開始	
一九七二（昭和四七）	全患協、作業返還の大闘争 ①患者作業返還、②患者給付金のスライド制 「ハンセン病療養所の医療を充実させる総決起集会」が開催（東京） 長島愛生園の一団体バスの運行拒否事件発生 ※同じ様なことは、昭和四五年五月に大島青松園でも起こった。 大島青松園の自治会、船舶「まつかぜ」での職員席・患者席の区別の廃止を申し入れる。	沖縄日本に復帰 日中の国交正常化 札幌オリンピック
一九七三（昭和四八）	第一〇回国際らい会議開催（ノルウェー・ベルゲン） Cさん入所（三七歳）	水俣病第一次訴訟熊本地裁判決
一九七四（昭和四九）	全患協、全国ハンセン氏病患者協議会へ名称変更	
一九七六（昭和五一）	台風一三号による集中豪雨で、長島愛生園・邑久光明園、壊滅的な被害を受ける。	

一九八一（昭和五六）	ＷＨＯ（世界保健機構）多剤併用療法を提唱 心中事件発生（本書一五〇頁）	
一九八三（昭和五八）	心中事件発生 全患協、全国ハンセン病患者協議会へ名称変更 ゲートボール協会への加盟拒否事件発生	
一九八四（昭和五九）	全患協「らい予防法問題検討委員会」設置	
一九八五（昭和六〇）	全患協「らい予防法問題学習会」開催	
一九八六（昭和六一）		カネミ油症治療指針、油症患者の生活指針を作成 チェルノブイリ原発事故
一九八七（昭和六二）	全国所長連盟「らい予防法の改正に関する請願」――「抜本改正を」	
一九八八（昭和六三）	長島愛生園、邑久長島大橋が開通。	第一回世界エイズデー エイズ予防法成立
一九八九（平成元）		天安門事件 大阪ＨＩＶ訴訟提訴
一九九〇（平成二）		東西ドイツ統一
一九九一（平成三）	全患協がらい予防法改正要請書を厚生大臣に提出	
一九九三（平成五）	高松宮記念ハンセン病資料館完成	
一九九四（平成六）	大谷藤郎ハンセン病予防事業対策調査検討委員会座長が私的見解発表 全患協臨時支部長会議	エイズ予防法改正法成立
一九九五（平成七）	全患協、「らい予防法改正を求める基本要求」を臨時支部長会議で採択 第六八回日本らい学会総会、『「らい予防法」についての見解』を発表 ハンセン病予防事業対策調査検討委員会が「らい予防法抜本見直し」の報告書提出。 厚生省「らい予防法見直し検討会」で予防法廃止法案素案が示される。	水俣病問題政府が解決策を閣議決定 ＨＩＶ訴訟和解勧告 阪神大震災
一九九六（平成八）	菅直人厚生大臣、予防法見直しが遅れたことを全患協に謝罪 らい予防法廃止に関する法律が成立。（四月一日施行）	政府解決案に基づき、水俣病全国連、三つの高裁、

	※厚生大臣は、一月一八日、「全患協」代表者に公式に謝罪し、通常国会への「らい予防法」廃止法案の提出を表明した。 全患協、全国ハンセン病療養所入所者協議会（全療協）へ名称変更 母体保護法成立	四つの地裁でチッソとの和解を成立させ、国と熊本県に対する訴えを取り下げる。
一九九七（平成九）		エイズ訴訟について、東京・大阪地裁で和解が成立
一九九八（平成一〇）	星塚敬愛園・菊池恵楓園の入所者一三名が国を相手に損害賠償を求め熊本地裁に提訴 第一五回国際ハンセン病学会議開催（中国・北京）	長野オリンピック 香港が中国に返還
一九九九（平成一一）	栗生楽泉園・多磨全生園の入所者ら二一人が東京地裁に提訴 全療協、第五一回定期支部長会議にて訴訟の支持を決定 訴訟を支援する会全国連絡会が結成される。 長島愛生園などの入所者ら一一人が岡山地裁に提訴	
二〇〇一（平成一三）	熊本地裁、一～四次訴訟（原告一二七名）が結審（1・12） 熊本地裁、原告勝訴の判決（5・11） 政府が熊本地裁判決の控訴を断念（5・23） 政府が小泉純一郎首相の談話を閣議決定「患者、元患者が強いられてきた苦痛と困難に対し、政府として深く反省し、率直にお詫びを申し上げる。」（5・25） 「ハンセン病問題に関する決議」を衆議院本会議で採択（6・7） 坂口力厚生労働大臣が菊池敬愛園を訪問し謝罪する（6・16）。以降全国の療養所へ ハンセン病療養所入所者等に対する補償金の支給等に関する法律公布（6・22） 熊本地裁原告が、国との和解に同意、成立（7・19） ハンセン病元患者と国が『和解合意書』に調印（7・23） 岡山地裁原告が、国との和解に同意、成立（7・24） 東京地裁原告が、国との和解に同意、成立（7・31） 東京地裁和解（10・16） 岡山地裁和解（12・4）	水俣病関西訴訟の大阪高裁が国と熊本県の法的責任を認める（上告）
二〇〇二（平成一四）	遺族・非入所原告らの司法上の解決のための基本合意書（1・28）	

非入所者・遺族原告と国との和解成立（1・30）

（作成　蜂須賀洋一）

執筆者紹介

上猶　覚（吉野東小学校）「導入で元患者の心の痛みを共有する」（p.86）
新福悦郎（清水中学校）「発表学習で認識を深める」（p.50）
蜂須賀洋一（桜丘西小学校）「資料13、年表」（p.165）
福田喜彦（有明高等学校）「人権問題を考える契機として」（p.106）
藤島伸一郎（東谷山中学校）「導入で子どもの興味関心を高める」（p.96）
山元研二（上甑中学校）「調べ学習で子ども自ら追求する」（p.68）
川野恭司（鹿児島大学非常勤講師）「授業実践をふりかえって」（p.113）
新澤あけみ（知覧中学校）「授業実践をふりかえって」（p.113）
柳田健一（大学院生）編集補助

編者紹介

梅野正信（うめの　まさのぶ）

1955年、長崎県生まれ。立命館大学文学部卒業。活水中学・高等学校教諭を経て、上越教育大学教育学研究科修士課程を修了。現在、鹿児島大学教育学部助教授。社会認識教育論、占領期の歴史教育論を専攻。采女博文とともに法的視点から「いじめ問題」など教育的課題の分析・実践に取り組み、『季刊教育法』（エイデル研究所）に「事例研究　教育管理職のための法常識講座」を共同で連載中。『実践いじめ授業－主要事件「判決文」を徹底活用』（編著、エイデル研究所）、『教師は何からはじめるべきか』（編著、教育史料出版会）、『社会科はどんな子どもを育ててきたか』（明治図書）、『戦後教育の総合評価』（共著、国書刊行会）、『和歌森太郎の戦後史』（教育史料出版会）など。

本書執筆担当：「ハンセン病訴訟判決を学ぶ」（p.10）、「ハンセン病訴訟判決文教材資料（資料1～11）」（p.118）、コラム①（p.28）、②（p.29）、③（p.67）、および教育的側面からの監修。

采女博文（うねめ　ひろふみ）

1952年、鹿児島県生まれ。九州大学法学部卒業。その後、同大学院法学研究科博士課程で民法学を専攻。現在、鹿児島大学法文学部教授。いじめをなくすホームページ（http://law.leh. kagoshima-u.ac.jp/staff/uneme/ijime1.htm）に「いじめ裁判の現状と展望」「いじめと学校側の法的責任」「いじめと人権」などを掲載。そのほか、水俣病裁判やハンセン病裁判における時効問題を研究。『実践いじめ授業－主要事件「判決文」を徹底活用』（編著、エイデル研究所）、『民事裁判例の基本原理』（共著、嵯峨野書院）など。

本書執筆担当：「判決文を読み解く」（p.30）、コラム③（p.48）、⑤（p.84）、⑥（p.85）、⑦（p.94）、⑧（p.95）、⑨（p.105）、および法的側面からの監修。

実践 ハンセン病の授業－「判決文」を徹底活用

2002年8月1日　初刷発行

編　　者　梅野正信・采女博文
発 行 者　大塚智孝

印刷・製本　中央精版印刷株式会社
発 行 所　エイデル研究所
102-0073 東京都千代田区九段北4-1-11
TEL03(3234)4641
FAX03(3234)4644

Printed in Japan ISBN4-87168-341-9 C3037